복 있는 사람

오직 여호와의 율법을 즐거워하여 그 율법을 주야로 묵상하는 자로다.
저는 시냇가에 심은 나무가 시절을 좇아 과실을 맺으며 그 잎사귀가 마르지 아니함 같으니
그 행사가 다 형통하리로다. (시편 1:2-3)

이 책의 독특성은 질문함으로 터득하게 하는 교육법을 설교를 가르치는 데 도입했다는 점이다. 저자는 다년간 설교학을 가르친 교수로서 설교를 막 시작하는 이들에게서 촉발되는 질문을 잘 포착하여 그 궁금증을 시원하게 풀어 주면서 배움의 동기유발 효과를 한층 더 높였다. 그와 더불어 설교 전반에 대한 질문을 다양하게 다루면서도 짤막하게 요점을 정리해 줌으로써 지루할 틈을 주지 않는다. 우선적으로 초보 설교자를 위해 쓴 책이라지만 모든 설교자가 읽고 자신의 설교를 재점검하기에 적격인 책이다. 은퇴를 앞둔 내가 지난 40년 가까이 설교 사역을 하며 터득하고 확증한 지혜와 기술을 이 책에서 발견할 수 있어 참 고무적이었다. 설교를 처음 시작할 즈음에 이 책을 읽었다면 나의 설교 사역이 훨씬 더 풍성했을 텐데 하는 점이 아쉬움으로 남는다.

박영돈 | 고려신학대학원 교의학 명예교수, 작은목자들교회 담임목사

이 책은 시작하는 말과 나가는 말을 제외하면 모두 다섯 장으로 구성된 설교론 문답서와 같아서, 크레이그 반즈의 『오늘을 위한 하이델베르크 교리문답』처럼 목회적이고 영성적인 온기를 듬뿍 풍기고 있다. 소장 설교학자인 저자는 설교 부담을 안고 목회를 시작하는 목회 초년생들에게 서른여덟 가지 질문을 던지면서 이에 대한 최선의 멘토링을 제공한다. 1장에서는 설교, 2장에서는 중심주제, 3장에서는 설교구조, 4장에서는 설교문 작성과 관련된 스물여덟 가지 질문을 던지고 그 질문들에 간결하고 자상하게 답변하며, 자신의 설교론을 적용한 느헤미야 8장 강해 설교문을 예시문으로 제시한다. 마지막 5장에서는 한국교회에서 문제시되는 설교 표절, 반복 설교와 같은 질문에 명쾌한 답변을 제시한다.

이 책의 특장(特長)은 네 가지로 정리할 수 있다. 첫째, 이 책은 목회에서 설교가 차지하는 엄중한 비중을 설득력 있게 가르친다. 설교는 교회를 세우고 성장시키는 가장 강력한 성령의 도구라는 것이다. 둘째, 이 책은 설교의 중차대한 의미만 주장하는 것이 아니라, 설교 준비 과정 및 설교 행위 자체를 하나님의 말씀을 매개하는 구두 선포 현장으로 봄으로써 설교자들에게 영광스러운 책임감을 고취한다. 셋째, 이 책은 강해 설교가 단순히 본문을 재진술하는 행위가 아니라, 성경의 주제에 천착하여 청중의 삶과 연결 짓는 해석학적 의사소통 행위임을 주지시킨다. 설교의 완성은 회중의 순종과 응답에 있음을 각인시킨다. 마지막으로, 이 책은 하나님 말씀의 구두 선포 현장이 성령이 역사하시는 무대임을 논증함으로써, 설교가 하나님의 영에 응답하는 설교자의 능동적 행위인 동시에, 하나님의 영에 사로잡혀 하나님에게 설교당하고 설복당하는 수동태적 사역임을 깨우친다. 설교는 하나님의 말씀을 듣는 행위이면서 대언하는 양면적 사역이라는 것이다. 나는 이 책을 일독하는 모든 목회자의 초장이 기름지게 되며, 그들의 양 떼와 소 떼가 풍성한 생명의 꼴을 먹고 배부르게 되리라 확신한다.

김회권 | 숭실대학교 기독교학과 교수, 가향교회 신학지도목사

한 유명 카피라이터는 인생이 지루해지지 않으려면 두 가지 질문을 해야 한다고 말한다. '왜 그래야 하는가?', '꼭 그래야 하는가?' 인생을 바꾸는 설교도 마찬가지다. 이 두 질문에 스스로 답할 수 있는 설교자라면 강한 확신 가운데 청중의 마음을 움직이는 설교를 할 수 있을 것이다. 『질문과 함께 배우는 설교』는 이런 설교를 추구하는 설교자에게 실제적인 도움을 준다. 특히 초보 설교자의 마음을 잘 읽고 가려운 곳을 긁어 주는 책이다. 설교문을 작성하며 떠오르는 희미한 생각들이 분명해지도록 돕는 질문을 던지고, 그것이 실제 작성으로 이어지도록 답변을 제시한다. 그렇다고 이 책이 초보자만을 위한 책은 아니다. 초보든 숙련된 설교자든 설교 작성의 핵심 원리는 동일하기 때문이다. 자신의 설교문을 보며 질문을 던지는 설교자에게 이 책은 늘 곁에 두고 읽어야 할 해설서이자 학습장이다.

김대혁 | 총신대학교 신학대학원 설교학 교수, 포일남교회 협동목사

**질문과 함께
배우는 설교**

질문과 함께 배우는 설교

2022년 2월 11일 초판 1쇄 발행
2022년 2월 28일 초판 2쇄 발행

지은이 조광현
펴낸이 박종현

(주) 복 있는 사람
주소 서울특별시 마포구 연남동 246-21(성미산로23길 26-6)
전화 02-723-7183, 7734(영업·마케팅) 팩스 02-723-7184
이메일 hismessage@naver.com
등록 1998년 1월 19일 제1-2280호

ISBN 979-11-91987-36-2 03230

ⓒ 조광현 2022

이 책의 저작권은 저자와 (주) 복 있는 사람이 소유합니다.
신 저작권법에 의하여 한국 내에서 보호를 받는 저작물이므로 무단전재와 복제를 금합니다.

질문과 함께
배우는 설교

조광현 지음

복 있는 사람

시작하는 말   008

1장 · 설교

01 목회자에게 설교가 왜 중요합니까?   013
02 당신이 가진 설교에 대한 이미지는 무엇입니까?   019
03 강해설교가 무엇입니까?   026

2장 · 중심주제

04 중심주제가 무엇입니까?   033
05 왜 중심주제가 있어야 합니까?   037
06 성경 본문에서 본문주제를 어떻게 찾아냅니까?   042
07 본문주제를 찾는 데 유용한 방법이 있습니까?   047
08 본문주제가 옳은지 확인하는 방법이 있습니까?   051
09 설교주제는 어떻게 찾습니까?   054
10 설교주제 속 청중이 순종해야 할 반응은 어떻게 정합니까?   059
11 어떻게 설교주제를 청중에게 달라붙도록 만듭니까?   067

3장 · 설교구조

12 설교에 구조가 필요합니까?   075
13 어느 설교에나 맞는 만능 설교구조가 있습니까?   080
14 설교구조를 손쉽게 만드는 방법이 있습니까?   086
15 설교개요는 본문개요의 순서를 그대로 따라야 합니까?   091
16 설교요점을 만들 때 주의할 점이 무엇입니까?   095
17 설교요점을 어떻게 배열합니까?   100
18 즉석 설교구조가 있습니까?   107

4장 · 설교문 작성

19 설교문은 무엇으로 채웁니까?   117
20 어떻게 청중이 설교를 이해하도록 만듭니까?   123

[차례]

21 어떻게 청중이 설교를 수용하도록 만듭니까? 129
22 어떻게 청중이 설교를 실천하도록 만듭니까? 136
23 설교에 예화가 필요합니까? 144
24 뒷받침 요소의 배열을 바꾸어 설교에 변화를 줄 수 있습니까? 149
25 설교를 어떻게 시작해야 합니까? 154
26 설교는 어떻게 끝내야 합니까? 159
27 전환 요소가 무엇입니까? 162
28 설교문은 어떻게 다듬습니까? 168

설교문 예시 | 영적 부흥과 갱신을 위하여(느 8:1-12) 173

5장 · 그 밖의 질문

29 설교 본문은 어떻게 정합니까? 185
30 설교 제목은 어떻게 정합니까? 187
31 설교 시간은 어느 정도가 적당합니까? 188
32 성경 봉독은 어떻게 합니까? 189
33 어떻게 설교 전달을 잘할 수 있습니까? 191
34 어떻게 설교 피드백을 지혜롭게 받을 수 있습니까? 193
35 이전에 했던 설교를 반복할 수 있습니까? 196
36 유명한 설교자들의 설교 홍수 속에서 지역 교회 목회자의 평범한 설교가 무슨 의미가 있습니까? 198
37 설교 표절이란 무엇입니까? 200
38 타고난 은사가 있어야만 탁월한 설교자가 될 수 있습니까? 203

나가는 말 205
주 208

시작하는 말

이 책의 주된 독자는 초보 설교자들입니다. 이제 막 설교자의 길로 들어선 분들이 궁금할 법한 질문과 그에 대한 대답을 엮었습니다. 그렇다고 이 책이 노련한 설교자들에게는 무용하다는 말은 아닙니다. 더 좋은 설교를 하기 위해서는 한 번씩 기본으로 돌아갈 필요가 있습니다.

이 책은 설교학 교과서는 아닙니다. 방대한 내용보다는 설교문을 작성하기 위해 꼭 그리고 먼저 알아야 할 주제에 초점을 맞추었습니다. 선별한 질문은 설교 준비 과정을 따라 배열했습니다. 그 순서를 따라가다 보면 설교 준비 과정의 얼개를 쉽게 파악할 수 있을 것입니다. 초보 설교자들의 이해를 돕기 위해 설교문 예시도 실었습니다. 설교문 작성과 직접 관련이 없는 질문은 따로 모았습니다.

이 책에 수록된 질문이 상상의 산물만은 아닙니다. 감사하게도 저는 초보 설교자들에게 질문을 받을 기회가 많았습니다. 고든콘웰신학교에서 유학할 때, 저는 거기서 거의 유일한 박사 과정 학생이었습니다. 그런 이유로 이제 막 설교를 배우기 시작한 신학생들에게 설교에 관해 적잖은 질문 세례를 받았습니다. 고려신학대학원에서 만난 초보 설교자들도 질문거리가 많기는 마찬가지였습니다. 저의 답변이 그들에게 도움이 되었는지는 확신할 수 없지만, 그들의 질문은 제게 큰 유익이 되었습니다. 그들이 없었다면 이 책도 없었을 것입니다.

저에게 질문을 던진 설교자들도 있었지만, 반대로 저에게 질문을 받은 설교자도 계십니다. 고 해돈 로빈슨 박사님은 저의 질문에 핵심을 놓치지 않으면서도 늘 유쾌하게 대답해 주셨습니다. 강의 시간은 물론이거니와 박사 과정 중에 금요일마다 점심을 함께하며 접했던 그분의 지혜와 경험이 이 책에 스며있기를 기대합니다.

마지막으로 저에게 설교가 아닌 인생에 대한 질문에 답을 주셨던 분도 계십니다. 약간의 말과 많은 삶으로 대답해 주셨던 천국에 계신 아버지께 이 책을 바칩니다.

1장 · 설교

—

하나님 앞과 살아 있는 자와 죽은 자를 심판하실 그리스도 예수 앞에서
그가 나타나실 것과 그의 나라를 두고 엄히 명하노니 너는 말씀을 전파하라.
때를 얻든지 못 얻든지 항상 힘쓰라.
범사에 오래 참음과 가르침으로 경책하며 경계하며 권하라.

—

디모데후서 4:1-2

01 목회자에게 설교가 왜 중요합니까?

설교가 케케묵은 것이라는 견해는 어제오늘의 이야기가 아닙니다. 찬양이나 간증, 드라마나 영상 그리고 새로운 멀티미디어가 설교의 자리를 대체해야 한다고 주장하는 사람들도 있습니다. 그러나 설교는 목회 사역 가운데 여전히 큰 비중을 차지합니다. 예배나 기도회 때마다 설교가 빠지지 않습니다. 또한 목회자는 설교단에서 오랜 시간을 보냅니다. 설교를 준비하는 시간까지 고려하면 엄청난 시간입니다. 청중 한 사람 한 사람이 설교를 듣는 시간까지 계산하면 어떻게 될까요? 설교에 할애되는 시간은 상상조차 할 수 없습니다. 설교가 목회에서 이렇게 비중이 큰 이유는 무엇입니까?

설교는 교회를 세운다

설교는 교회를 세웁니다. 『웨스트민스터 대교리문답』 155문은 "말씀이 어떻게 구원을 위해 효과적으로 사용됩니까?"라고 물으며 다음과 같이 답합니다.

> 하나님의 성령께서는 말씀을 읽는 것, 특별히 말씀을 설교하는 것을 효과적인 수단으로 사용하셔서 죄인을 이해시키시고 깨닫게 하시고 겸손하게 하시며, 죄인들을 그들 자신에게서 끌어내어 그리스도께로 이끄십니다.

설교는 죄인을 그리스도께 이끄는 가장 효과적인 수단입니다. 믿음, 회개, 새 생명은 설교를 통해 일어납니다. 바울은 로마서에서 "믿음은 들음에서"10:17 난다고 명확히 밝힙니다. 설교가 믿음을 낳습니다. 칼뱅도 설교와 믿음의 관계를 "설교는 잉태하고 낳는 어머니이고, 믿음은 자신의 태생을 잊어서는 안 되는 딸이다"라고 말합니다.¹ 설교는 믿음의 사람들을 낳아 그리스도의 몸인 교회로 연합시킵니다. 교회가 서기 위해서는 설교가 반드시 있어야 합니다.

설교는 교회를 세우시는 하나님의 수단입니다. 이 부분은 이 땅에 교회가 세워지는 과정을 보여주는 사도행전에서 어렵지 않게 발견할 수 있습니다. 베드로는 오순절에 열한 사도와 함께 소리 높여 외쳤습니다. 그 설교는 사람들의 마음을 찔렀고 삼천 명의 사람들이 세례를 받아 예루살렘 교회가 세워졌습니다2:14-41. 빌립이 사마리아에서 그리스도를 설교했습니다. 그러자 사마리아에도 교회가 세워졌습니다8:5-17. 예루살렘 교회에 일어난 박해 때문에 흩어진 사람들이 베니게와 구브로 그리고 안디옥까지 가서 말씀을 전했습니다. 그러자 거기에도 교회가 세워졌습니다11:19-21. 바울도 마찬가지입니다. 바울은 설교했고, 그 결과로 소아시아와 마케도니아에 교회가 세워졌습니다.

바울은 설교를 통해 교회가 세워진다는 사실을 믿었기 때문에 젊은 목회자 디모데에게 다음과 같이 말합니다. "너는 말씀을 전파하라. 때를 얻든지 못 얻든지 항상 힘쓰라."딤후 4:2 이 명령은 디모데만이 아니라 디모데의 후예들, 곧 오는 시대의 모든 목회자가 순종해야 할 명령입니다. 하나님은 지금도 설교를 통해서 죄인을 구원하시고 교회를 세우십니다. 교회를 세우려는 목회자는 최선을 다해 설교해야 합니다.

설교는 교회를 성장시킨다

설교는 교회를 세울 뿐 아니라 교회를 성장시킵니다. 구원받은 자들은 그 자리에 머물러 있어서는 안 됩니다. 그들은 자라야 합니다. 그렇다면 그들이 자라는 데 꼭 필요한 것은 무엇일까요? 바로 설교입니다. 다시 바울의 말을 들어 보겠습니다.

> 우리가 그를 전파하여 각 사람을 권하고 모든 지혜로 각 사람을 가르침은 각 사람을 그리스도 안에서 완전한 자로 세우려 함이니 이를 위하여 나도 내 속에서 능력으로 역사하시는 이의 역사를 따라 힘을 다하여 수고하노라 골 1:28-29.

바울은 구원받은 자를 완전한 자로 세우기 위해 전파하고 권하고 가르치는 수고를 마다하지 않았습니다. 하나님의 말씀을 설교해야 교회가 성장합니다. 존 스토트 John Stott 는 교회는 하나님의 말씀에 전적으로 의존하고 있다고 말합니다.

> 교회는 하나님의 말씀으로 창조되었을 뿐만 아니라 하나님의 새로운 창조물인 교회는 하나님의 예전 창조물인 이 세상이 그러한 것처럼 하나님의 말씀에 의존한다. 하나님은 말씀으로 교회를 지으셨을 뿐만 아니라 그 말씀으로 교회를 유지하고 지탱하시며, 지도하고 거룩하게 하시며, 개혁하고 새롭게 하신다. 하나님의 말씀은 그리스도께서 교회를 다스리시는 홀(笏)이며 교회를 먹이시는 양식이다.[2]

하나님의 말씀은 교회의 양식입니다. 예수님은 신명기를 인용하시면서 "사람이 떡으로만 살 것이 아니요 하나님의 입으로부터 나오는 모든 말씀으로 살 것이라"마 4:4고 선언하셨습니다. 설교는 교회에 양식을 제공합니다. 그러므로 설교자는 "영적인 기근에 대항해 교회의 건강을 지키는 파수꾼"이 되어야 합니다.[3] 교회의 생존, 더 나아가 교회의 성장을 위해서는 설교가 있어야 합니다.

교회를 성장시킬 수 있다는 특별한 비결이나 새로운 프로그램을 쫓아다니는 사람들이 있습니다. 그러나 이천 년이 넘는 교회 역사는 교회의 성장과 배후에는 비결, 방법, 프로그램이 아닌 참된 설교가 있었다고 증언합니다.

매번 종교개혁과 부흥의 새벽을 알렸던 현상이 무엇입니까? 설교가 새로워진 것입니다. 설교에 새로운 관심이 생긴 것이며, 새로운 종류의 설교가 등장한 것입니다. 교회 역사상 위대한 운동이 일어날 것을 알렸던 전조 현상은 언제나 참된 설교가 되살아나는 것이었습니다. 물론 종교개혁이나 부흥이 일어날 때에도 유례가 없을 정도로 위대하고 중대한 설교의 시기가 도래하곤 했습니다.[4]

교회의 성장과 부흥은 설교를 통해 이루어집니다. 설교는 교회를 성장시키는 가장 중요한 은혜의 수단입니다. 교회를 성장시키고자 하는 목회자는 최선을 다해 설교해야 합니다.

설교는 목회의 우선순위에 있다

설교는 목회에서 가장 우선순위에 있는 사역입니다. 담임 목회자를 청빙하는 과정을 살펴보십시오. 설교문은 제출 항목에서 빠지는 법이 없습니다. 어떤 교회에서는 설교 영상을 요구하기도 합니다. 서류 제출로 끝이 아니지요. 최종 후보가 되면 교회에서 설교 시연을 부탁받습니다. 이력서, 자기소개서, 목회계획서, 모두 중요하지만 결국 설교로 판가름납니다. 설교는 목회에서 자타가 공인하는 가장 중요한 사역입니다.

이러한 우선순위는 자기 마음에 드는 설교를 찾아 이 교회 저 교회로 옮겨 다니는 교인들이 생겨난 이후에 정해진 것이 아닙니다. 그 역사는 이 땅에 교회가 처음 세워진 시기까지 거슬러 올라갑니다. 예루살렘 교회가 사도들의 설교 사역을 통해 성장하면서 예기치 않은 문제가 발생했습니다. 헬라파 유대인들 사이에 헬라파 과부들이 구제에서 소외되는 일로 원망이 생긴 것이지요. 사도들은 이 사건이 단지 불평의 문제만이 아니라는 것을 알았습니다. 이는 우선순위의 문제였습니다. 사도들은 "하나님의 말씀을 제쳐 놓고 접대를 일삼는 것이 마땅하지" 않다고 결론을 내렸습니다 행 6:2. 그래서 구제는 집사들에게 맡기고, "우리는 오로지 기도하는 일과 말씀 사역에 힘쓰리라" 행 6:4는 결정을 내렸습니다. 마틴 로이드 존스 Martyn Lloyd-Jones는 사도들의 이 결정을 "교회의 영원한 우선순위를 정립"한 사건이라 부릅니다.[5] 교회의 주된 임무, 목회자들의 주된 임무는 바로 하나님의 말씀을 전하는 것입니다.

종교개혁자들이 교회 개혁과 목사직 확립을 위해 분투하며 가장 강조했던 것이 설교라는 점은 큰 시사점을 줍니다. 그들은 목회 사역 가운데 설교를 가장 으뜸으로 삼았습니다. 그리고 설교를 통해 자신이 목회하는 공동체에 영향력을 발휘했습니다. 칼뱅은 설교가 목회 리더십의 중심이라고 주장하면서 다음과 같이 말합니다.

> 그들이 어떤 이름으로 불리든 교회의 목회자들이 받아야 할 주권적 능력이 있다. 그들은 하나님의 말씀으로 담대하게 모든 일을 한다.…… 양 떼를 먹이고, 늑대들을 몰아낸다. 가르침 받고자 하는 자들을 교육하고 권면하며, 반역하고 완고한 자들을 고발하고 책망하며 복종시킨다. 맬 수도 있고 풀 수도 있다. 마지막으로, 필요하다면 천둥과 번개를 내릴 수도 있다. 그러나 그 모든 일을 하나님의 말씀 안에서 한다.[6]

설교가 목회자의 유일한 사역은 아닙니다. 목회는 설교 외에도 예배, 상담, 심방, 교육, 선교, 행정 등 다양한 사역을 포함합니다. 그러나 이 모든 사역을 감당하게 하는 목회 리더십을 뒷받침하는 것은 바로 설교입니다. 목회자를 '심방의 종'이나 '행정의 종'이라 불렀던 적은 없습니다. 목회자는 '말씀의 종' *Verbi Dei minister* 입니다. 목회자는 그 누구보다 설교자여야 합니다. 여러분이 목회자라면 여러분은 최선을 다해 설교해야 합니다.

설교는 교회를 세우고 교회를 성장시킵니다. 또 설교는 목회에서 최우선 순위에 있는 사역입니다. 지금까지 존재했던 신실한 목회자들은 모두 최선을 다해 설교했습니다. 목회자로 부름을 받았다면, 그에게는 설교자가 되느냐 마느냐가 아니라 좋은 설교자가 되느냐 그렇지 못한 설교자가 되느냐의 길만 남아 있습니다. 이제 여러분에게 묻겠습니다. 당신은 어느 길로 가고 싶으십니까?

02   당신이 가진 설교에 대한 이미지는 무엇입니까?

이 책의 모든 질문은 독자가 저자에게 던지는 물음입니다. 지금 이 질문만 제외하면 말입니다. 이 질문은 저자가 독자에게 던지는 유일한 질문입니다. 그러니 한번 대답해 보십시오. 당신이 가진 설교에 대한 이미지는 무엇입니까?

이미지를 문학이나 언어 같은 특수 분야의 전문 주제로만 생각하는 사람들이 많습니다. 그런 까닭에 이미지와 일상의 연관성을 쉽게 포착하지 못합니다. 그러나 이미지는 인간의 삶, 즉 인간의 생각과 행동에 강력한 영향을 미칩니다. 어떤 학자들은 인간은 영향력 있는 이미지를 따라 살아간다고 주장하기까지 합니다.[7] 예를 들어, 우리 사회에서 시간은 돈입니다. 시간은 곧 돈이라는 이미지는 이 사회에서 널리 받아들여지는 이미지이지요. 우리는 이 강력한 이미지에 부지불식간에 영향을 받습니다. 그래서 시간이 한정된 자원이라고 생각합니다. 시간을 낭비하지 않으려고 하고, 투자하려고 하고, 또 선용하려고 합니다. 시간이 마치 돈인 양 생각하고 행동합니다. 만약 '시간은 햇빛이다'라는 이미지가 널리 퍼진 사회가 있다면, 그 사회의 구성원들은 지금 우리와는 전혀 다른 모습으로 시간에 대해 사고하고 행동할 것입니다.

이 질문을 던진 이유를 짐작하실 수 있겠지요? 당신이 가진 설교에 대한 이미지는 당신이 설교를 어떻게 생각하고 어떻게 행하는지에 반드시 영향을 미칩니다. 그러므로 설교자는 설교에 관해 바른 이미지를 가져야 합니다. 그것이 설교 사역의 첫 단추를 잘 끼우는 일입니다. 건강한 육체에 건강한 정신이 깃든다는 말이 있지요. 이 말이 옳은지 그른지 확인할 길은 없지만, 건강한 이미지에 건강한 생각과 행위가 깃든다는 말은 옳습니다.

전통적 이미지: 설교는 선포다

전통적으로 설교는 선포라는 이미지와 관련되어 왔습니다. 특히 종교개혁자들은 설교가 하나님의 말씀을 선포하는 것이라고 믿었습니다. 종교개혁자들의 이러한 견해를 명쾌하게 보여주는 신앙고백서가 바로 제2헬베틱 신앙고백서입니다. 이 신앙고백서는 "하나님의 말씀에 대한 설교는 하나님의 말씀이다"라고 단언합니다. 설교를 하나님의 말씀과 동등한 위치로 끌어올리는 엄청난 선언이자 고백입니다. 그러고는 다음과 같이 덧붙입니다.

> 하나님의 말씀이 합법적으로 부름 받은 설교자를 통해 설교될 때, 우리는 하나님의 말씀 자체가 선포된다는 사실과 이 하나님의 말씀 자체가 믿는 자들에 의해 받아들여진다는 사실을 믿는다.……선포되는 말씀은 그것을 선포하는 목사의 말로 여겨서는 안 된다. 목사는 비록 악하고 죄인이라 할지라도 선포되는 하나님의 말씀은 참되고 선하다.

몇 줄 안 되는 신앙고백문 속에 '선포'라는 단어가 몇 번이나 나오는지 세어 보십시오. 제2헬베틱 신앙고백서는 설교는 선포라고 힘주어 강조합니다.

그러나 종교개혁자들이 아무 설교나 무턱대고 하나님의 말씀으로 생각했던 것은 아닙니다. 제2헬베틱 신앙고백서에서 분명히 밝히는 것처럼, 종교개혁자들은 '하나님의 말씀에 대한 설교', 다시 말해, 기록된 하나님의 말씀인 성경을 설교하는 설교를 하나님의 말씀이라고 생각했습니다. 종교개혁자들에게 성경은 설교의 원천이었고, 설교를 선포라는 이미지와 연관시킬 수 있는 규범이었습니다.

성경을 설교하는 것은 종교개혁자들이 발명한 새로운 방법이 아니라 중세 가톨릭이 잃어버린 전통을 회복한 것입니다. 처음부터 설교는 성경을 설교하는 것이었습니다. 누가복음 4:16-21은 예수님의 설교 장면을 다음과 같이 묘사합니다.

> 16 예수께서 그 자라나신 곳 나사렛에 이르사 안식일에 늘 하시던 대로 회당에 들어가사 성경을 읽으려고 서시매 17 선지자 이사야의 글을 드리거늘 책을 펴서 이렇게 기록된 데를 찾으시니 곧 18 주의 성령이 내게 임하셨으니 이는 가난한 자에게 복음을 전하게 하시려고 내게 기름을 부으시고 나를 보내사 포로 된 자에게 자유를, 눈 먼 자에게 다시 보게 함을 전파하며 눌린 자를 자유롭게 하고 19 주의 은혜의 해를 전파하게 하려 하심이라 하였더라. 20 책을 덮어 그 맡은 자에게 주시고 앉으시니 회당에 있는 자들이 다 주목하여 보더라. 21 이에 예수께서 그들에게 말씀하시되 이 글이 오늘 너희 귀에 응하였느니라 하시니.

예수님은 성경을 설교했습니다. 예수님뿐 아니라 바울도 성경을 설교했습니다.

¹그들이 암비볼리와 아볼로니아로 다녀가 데살로니가에 이르니 거기 유대인의 회당이 있는지라. ²바울이 자기의 관례대로 그들에게로 들어가서 세 안식일에 성경을 가지고 강론하며 행17:1-2.

성경을 설교하는 것은 주님과 사도들 그리고 종교개혁자들의 본을 따르는 길이며, 역사적 기독교의 전통에서 벗어나지 않으려는 의지의 표명입니다. 성경을 설교할 때에야 설교자는 "이것이 하나님의 말씀입니다"라고 담대히 외칠 수 있고, 청중은 그 설교를 안전한 기반 가운데 하나님의 말씀으로 받을 수 있습니다. 시드니 그레이다누스Sidney Greidanus는 설교자에게는 성경을 설교해야 할 책임이 있음을 강조하며 다음과 같이 말합니다.

> 설교자들이 주님께로부터 말씀을 받고 그 받은 주님의 말씀을 설교할 때라야 그들의 권위가 인정되는 것이다. 그리고 오늘날 우리가, 과연 설교자들이 주님의 말씀을 설교하는가를 판단할 수 있는 유일한 기준은 성경이다. 오늘날의 설교자들에게는 계시의 규범적 원천이 성경이므로, 그들이 하나님의 말씀을 설교하려고 한다면 스스로를 성경에 매이도록 해야 한다.⁸

청중이 설교자의 생각이나 지혜를 듣기 위해서 교회에 온다면, 설교자의 부담은 이만저만이 아닐 것입니다. 하지만 다행스럽게도 청중은 하나님의 말씀을 듣기 위해서 교회에 옵니다. 하나님의 말씀을 기대하는 청중에게 그 말씀을 선포하는 길은 다름 아닌 성경을 설교하는 것입니다. 성경을 설교하는 설교자는 하나님의 말씀을 '선포'하는 영광을 누릴 수 있습니다.

최근의 이미지: 설교는 설득이다

최근 설교학계에서는 선포라는 전통적인 설교 이미지가 설교자 편에서의 일방적인 커뮤니케이션만을 강화해 왔다는 반성이 일어나면서, 설교에 대한 새로운 이미지를 구축하려는 노력이 활발합니다. 현대 설교학자들은 설교를 대화, 원탁회의, 공동작업, 시, 이야기, 재즈 등과 관련지어 논의하기도 합니다. 설득도 그중 하나입니다.

그러나 설교 곧 설득이라는 이미지는 현대 설교학이 새로 발명해 낸 것은 아닙니다. 이 이미지는 성경에서도 발견할 수 있습니다.

> 그러므로 우리가 그리스도를 대신하여 사신이 되어 하나님이 우리를 통하여 너희를 권면하시는 것같이 그리스도를 대신하여 간청하노니 너희는 하나님과 화목하라 고후 5:20.

전통적인 설교 이미지에서처럼 바울은 설교자를 그리스도를 대신하는 "사신"으로 묘사합니다. 사신은 하나님의 말씀을 '선포'하지요. 그러나 우리가 여기서 주목해서 살펴보려는 것은 설교자가 지녀야 할 자세로서의 '권면'과 '간청'입니다. 어떤 사람들은 청중이 말씀을 듣고 받아들이는 것이 설교자와는 무관한 그들만의 책임이라고 주장합니다. 청중이 듣든지 말든지 오직 말씀을 전하는 것이 설교자의 임무라는 것이지요. 심지어 청중의 반응을 민감하게 고려하는 것을 불순한 동기에서 비롯된 얕은 술수 정도로 취급하기까지 합니다. 그러나 바울은 그렇게 생각하지 않았습니다. 바울에 따르면, 설교자는 자신이 전하는 말씀을 청중이 듣고 받아들일 수 있도록 권면하고 간청해야 합니다. 권면과 간청은 설교자에게 꼭 필요한 자세입니다. 이와 같이 바울이 우리에게 제시하는 설교 이미지 속에는 설득이 포함되어 있습니다.

또한 설득이라는 이미지 속에는 상대방의 존재를 인정한다는 의미가 포함되어 있습니다. 설교는 설교자 혼자 할 수 있는 일이 아닙니다. 칼뱅은 『기독교 강요』 4권 1장 9절에서 "하나님의 말씀이 순수하게 설교되고 또한 경청되며, 그리스도께서 세우신 그대로 성례가 시행될 때, 거기에 하나님의 교회가 존재한다는 것에는 의심할 여지가 없다"고 말합니다. 이 구절은 널리 알려진 대로 교회의 표지에 대한 설명이지만, 설교에 관한 칼뱅의 통찰도 보여줍니다. 칼뱅은 설교를 설교자의 행위로만 한정하지 않습니다. 그의 표현처럼, 하나님의 말씀은 설교될 뿐 아니라 '경청'되어야 합니다. 칼뱅은 설교에 있어서 '경청'하는 존재, 다시 말해 청중의 존재를 간파했습니다. 설교는 상대방, 곧 청중이 관련되어 있습니다.

설교자는 청중의 존재를 인정해야 합니다. 설교자가 인정하든 인정하지 않든 청중은 존재합니다. 팀 켈러 Timothy Keller 는 "용기 있게 전해도 아무도 듣지 않을 수 있다"고 말한 적이 있습니다.[9] 아주 당연한 말이지만 이상하게도 설교자들이 쉽게 잊어버리는 말이기도 합니다. 용기 있게 전하는 것만이 능사는 아닙니다. 설교자는 청중을 인정하고, 청중이 듣도록 설득해야 합니다. 그래서 로이드 존스는 설교자의 임무가 청중을 설득하는 일이라고 말했습니다.

설교자의 임무는 '설교를 듣도록' 사람들을 설득하고 가르치며 거짓을 버리게 하는 것이지 무작정 진리를 던져 주는 것이 아닙니다. 따라서 설교자는 상황의 변화가 느껴질 때마다 계속해서 재조정 작업을 해야 합니다. 이 일이 어렵게 느껴질 수도 있고, 어떤 의미에서는 실제로 어렵기도 합니다. 그러나 제가 볼 때 이 일은 목회의 가장 영광스러운 측면을 이루고 있습니다. 설교가 항상 살아 움직인다는 것은 설교의 낭만에 속합니다.[10]

설교를 설득이라는 이미지와 연결할 수 있는 설교자라야 살아 움직이는 설교를 할 수 있습니다. 무작정 진리를 던져 주는 설교보다 살아 움직이는 설교를 하는 것이 훨씬 어렵습니다. 그러나 어려운 길을 택하는 설교자는 설교의 낭만과 더불어 설교의 영광을 누리게 될 것입니다.

당신이 가진 설교에 대한 이미지는 무엇입니까? 설교자는 하나의 이미지에만 매몰되어서는 안 됩니다. 바퀴 하나 달린 자전거가 멀리 달릴 수 없는 것처럼, 하나의 이미지만으로는 건강한 설교 사역을 지속하기 어렵습니다. 설교는 선포입니다. 설교는 또한 설득입니다. 선포와 설득이라는 두 이미지가 당신의 설교 사역에 공존하기를 바랍니다.

03 강해설교가 무엇입니까?

강해설교에 대한 설교자들의 관심은 어제오늘 일이 아닙니다. 벌써 꽤 오래전에, 목회자를 대상으로 가장 선호하는 설교에 대한 설문 조사를 시행했는데, 그 조사에서 무려 응답자의 72.1%가 강해설교를 선호한다고 답했습니다.[1] 시중에 나와 있는 설교집 상당수가 '강해' 또는 '강해설교'라는 제목을 달고 있는 것도 강해설교에 대한 높은 관심을 반영한다고 할 수 있습니다. 설교자들은 강해설교를 해야 한다고 생각하고, 또 강해설교를 하고 싶어 합니다.

강해설교에 대한 오해

강해설교에 대한 높은 관심만큼이나 강해설교에 대한 오해도 널리 퍼져 있습니다. 강해설교를 잘못 이해하는 경우를 크게 두 가지로 나누어 살펴보겠습니다. 첫 번째 오해는 강해설교를 설교 본문을 선택하는 방식과 관련지어 이해하는 것입니다. 적지 않은 설교자들이 '본문 연속 설교'를 강해설교라고 생각합니다. 본문 연속 설교는 창세기나 마태복음같이 성경 한 권을 정해서, 일정 분량을 차례로 설교해 나가는 방식입니다. 이 방식은 초기 교회부터 존재했습니다. 설교가 경시되던 중세 시대에는 사라졌다가 종교개혁 시기부터 다시 등장했습니다. 종교개혁 때 부활한 본문 연속 설교가 지금도 설교 본문을 선택하는 중요한 방식으로 자리하는 이유는 마틴 로이드 존스 같은 뛰어난 설교자들의 활약 때문입니다. 로이드 존스는 성경 한 권을 정해 차례로 설교해 나가는 것을 자신의 설교 사역의 중심으로 삼았습니다. 한 예로, 로마서 한 권을 1955년에서 1968년까지 무려 13년간이나 설교했습니다. 로이드 존스처럼, 성경 한 권을 정하고 연속되는 본문을 선택해 강해설교를 할 수 있습니다. 그러나 본문 연속 설교를 한다고 해서 그 설교가 자동으로 강해설교가 되는 것은 아닙니다. 앞서 말한 것처럼, 본문 연속 설교는 설교 본문을 선택하는 한 가지 방식입니다. 설교 본문을 어떻게 선택하느냐가 강해설교를 판별하는 기준이 되는 것은 아닙니다.

강해설교에 대한 두 번째 오해는 강해설교를 설교의 형태와 관련해서 이해하는 것입니다. 특히 '절별 설교'나 '절별 주해'를 강해설교라고 생각하는 사람들이 많습니다. 절별 설교란 1절에서 2절로, 또 2절에서 3절로 본문에 기록된 순서를 따라가면서 해설하는 설교 형태입니다. 로이드 존스가 이 형태를 따라 설교했다고 믿는 사람들이 있습니다.[12] 하지만 로이드 존스는 절별 설교를 반대했을 뿐 아니라 절별 설교를 강해설교로 보는 것에도 동의하지 않았습니다.

> 그들은 어떤 구절이나 문단이나 진술을 연이어 해설하거나 거기에 줄줄이 주석하는 것을 곧 강해설교로 생각합니다. 그래서 단락을 구절구절 나눈 다음 첫 구절을 해설하고, 그다음 구절을 해설하고, 또 그다음 구절을 해설합니다. 그들은 이런 식으로 모든 단락을 훑은 후에 설교를 다 했다고 생각합니다. 그러나 그들이 실제로 한 일은 한 단락을 주르륵 해설한 것입니다. 저는 그 설교자들이 설교를 했다기보다는 설교문을 작성하는 첫 단계를 거쳤다고 말하고 싶습니다![13]

존 스토트도 절별 설교 자체를 강해설교로 보는 것에 반대하면서, "그것[강해설교]은 설교의 형태(절별 설교)보다는 오히려 설교의 내용(성경적 진리)과 관련된다"고 단언했습니다.[14] 설교 형태가 강해설교냐 아니냐를 가르는 기준이 되어서는 안 된다는 말입니다. 강해설교라고 부를 수 있는 특정한 설교 형태는 존재하지 않습니다.

강해설교에 대한 이해

최근에는 본문의 중심주제를 설교의 핵심 메시지로 삼아서 설교하는 것을 강해설교로 정의하는 데 동의하는 설교학자들이 늘어나고 있습니다.

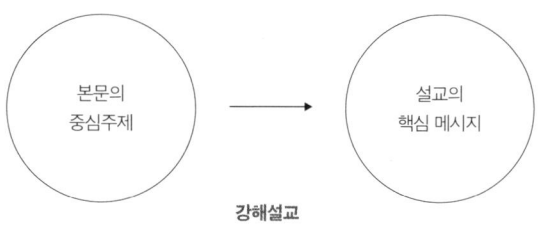

이러한 설교에서는 중심주제가 선명하게 드러나는 방식으로 설교 구조를 짜고, 중심주제를 기준으로 설교 내용을 선별할 것입니다. 이런 방식의 설교는 장점이 많습니다 질문 05 참조. 이 책에서도 중심주제가 있는 설교를 추천합니다. 그러나 중심주제가 있는 설교만 강해설교로 정의하는 것은 문제의 소지가 있습니다. 그렇게 되면 교회의 중요한 설교 형태였던 절별 설교를 강해설교가 아닌 것처럼 취급해 버리기 때문입니다. 절별 설교가 곧 강해설교라는 이해가 과한 것처럼, 절별 설교는 강해설교가 아니라는 이해도 과합니다.

그렇다면 강해설교를 어떻게 이해해야 할까요? 강해설교에 대한 열정이 큰 설교자들에게는 강해설교가 무엇인지 가능한 한 자세하게 정의하고 싶은 열망이 있는 듯합니다. 그러나 잊지 말아야 할 사실은 지금까지 강해설교의 정의에 대해 일치된 견해는 존재한 적이 없었다는 점입니다. 세세하게 정의할수록 그 정의에 동의하지 않는 사람들이 늘어날 것이고, 또 그 정의에 부합되지 않은 많은 설교를 강해설교가 아닌 것으로 간주해 버릴 위험이 생깁니다. 최소를 추구하는 미니멀리즘이 디자인이나 미술, 음악을 넘어 이제는 삶의 방식으로 유행한다고 합니다. 강해설교를 정의하는 데도 최소주의가 필요하다는 생각입니다.

강해설교가 무엇인지에 대해 가장 영향력 있는 목소리를 낸 사람은 해돈 로빈슨 Haddon Robinson 입니다. 로빈슨의 견해는 바로 이 최소주의를 반영합니다.

> 강해설교는 본질적으로 방법이 아니라 철학이다. 우리가 강해설교자냐 아니냐를 결정하는 것은 우리의 목적과 관련한 다음 질문에 대한 솔직한 대답으로부터 시작한다. "당신은 한 사람의 설교자로서 당신의 생각을 성경에 맞추는가? 아니면 당신의 생각을 지지하기 위해서 성경을 이용하는가?"[15]

로빈슨은 강해설교를 하나의 핵심과만 관련짓습니다. 강해설교를 설교자가 가진 철학, 동기, 자세와 관련된 것으로 정의합니다. 설교자가 준비와 전달을 포함한 설교의 전 과정에서 자기 생각을 버리고 하나님의 말씀인 성경의 다스림에 순종한다면, 그 사람이 바로 강해설교자이며 그 설교가 바로 강해설교라는 주장입니다. 이 최소 기준만 충족하면 설교 본문을 어떻게 선택하든, 어떤 형태의 설교를 하든 그 설교는 강해설교입니다.

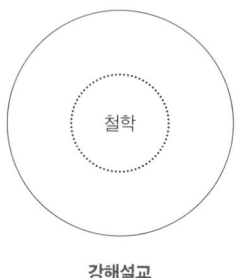

강해설교

존 스토트는 설교를 들으려고도 하지 않고 설교를 들을 수 있을지도 의구심이 드는 세상 속에서, 지속적으로 또 효과적으로 설교하기 위해서는 어떠한 방법론을 익히는 것보다 어떠한 확신에 사로잡혀야 한다고 주장합니다.[16] 그 확신은 말씀에 능력이 있다는 확신입니다.

10 이는 비와 눈이 하늘로부터 내려서 그리로 되돌아가지 아니하고 땅을 적셔서 소출이 나게 하며 싹이 나게 하여 파종하는 자에게는 종자를 주며 먹는 자에게는 양식을 줌과 같이 11 내 입에서 나가는 말도 이와 같이 헛되이 내게로 되돌아오지 아니하고 나의 기뻐하는 뜻을 이루며 내가 보낸 일에 형통함이니라 사 55:10-11.

말씀의 능력을 확신하는 설교자는 강해설교에 헌신합니다. 하나님의 말씀은 하나님이 정하신 뜻을 반드시 이룹니다. 그러므로 당신이 강해설교를 위해 바치는 수고와 노력은 결코 헛되지 않을 것입니다.

2장 · 중심주제

―
이는 만물이 주에게서 나오고 주로 말미암고 주에게로 돌아감이라.
―

로마서 11:36

04 중심주제가 무엇입니까?

19세기와 20세기 초반을 살았던 존 헨리 조웻John Henry Jowett은 영국과 미국에서 이름을 날린 명설교자였습니다. 하지만 지금은 설교 자체보다 설교자들을 위한 충고로 더 유명합니다. 이 충고는 여러 설교학 교과서에 인용되어 지금까지도 설교자들에게 가르침을 주고 있습니다. 그 가르침은 바로 중심주제에 관한 것입니다.

> 설교의 주제를 짧고 의미 있는 한 문장으로 수정처럼 맑게 표현할 수 없다면, 설교할 준비는커녕 설교문을 쓸 준비조차 되지 않았다고 믿습니다. 그 문장을 얻는 것은 저의 연구에서 가장 고되고 까다로운 작업이지만, 또한 가장 생산적인 작업입니다.……저는 그 문장이 구름 한 점 없는 달처럼 맑고 선명하게 떠오르기 전에는, 설교는 당연하거니와 설교문을 쓰는 일조차 하지 말아야 한다고 생각합니다.[1]

조웻은 설교 준비의 핵심이 중심주제를 찾는 데 있다고 확신합니다. 그리고 중심주제가 있어야 비로소 설교문을 쓸 수 있다고 강조합니다. 그 당시 설교자들에게 조웻의 충고가 어떻게 들렸는지 몰라도 현대의 설교학자들, 특히 강해설교를 주장하는 설교학자들은 그의 충고를 따르는 추세입니다. 존 스토트는 강해설교 준비 방법을 여섯 단계로 제시합니다.

1) 본문 선택하기

2) 본문 연구하기

3) 중심주제 드러내기

4) 중심주제에 맞추어 자료 배열하기

5) 서론과 결론 첨가하기

6) 설교문을 작성하고 메시지를 위해 기도하기[2]

여섯 단계의 한가운데에는 세 번째 단계인 '중심주제 드러내기'가 있습니다. 이 세 번째 단계를 기준으로 여섯 단계가 전반부와 후반부로 구분됩니다. 1, 2단계는 본문으로부터 중심주제를 찾아가는 과정이고 4-6단계는 중심주제로부터 설교문을 만들어 가는 과정입니다. 스토트의 방법은 중심주제를 찾는 것이 설교 준비의 핵심이라는 점을 알려줍니다.

강해설교 준비 방법의 표준으로 여겨지는 해돈 로빈슨의 열 단계는 다음과 같습니다.

1) 본문 선택하기

2) 본문 연구하기

3) 본문 중심주제 찾기

4) 본문 중심주제 분석하기

5) 설교 중심주제 진술하기

6) 설교 목적 결정하기

7) 설교 목적을 이룰 수 있는 설교 구조 결정하기

8) 설교개요 작성하기
9) 설교개요 채우기
10) 서론과 결론 준비하기³

스토트의 준비 방법보다 조금 더 복잡하지만 그 핵심은 크게 다르지 않습니다. 로빈슨의 준비 방법에도 설교 준비 과정의 한가운데에 중심주제를 찾는 과정(3-6단계)이 있습니다. 그리고 이 과정이 본문으로부터 중심주제를 찾아가는 과정(1, 2단계)과 중심주제로부터 설교문을 만들어 가는 과정(7-10단계)을 양분하고 있습니다. 로빈슨의 설교 준비 방법의 핵심도 중심주제를 찾는 것입니다.

그러나 스토트와 달리, 로빈슨은 중심주제를 본문의 중심주제와 설교의 중심주제로 구분합니다. 우리도 편의상 중심주제를 두 가지로 구분하려고 합니다. 본문의 중심주제는 '본문주제', 설교의 중심주제는 '설교주제'라고 부르겠습니다. '본문주제'는 본문 저자가 본문의 원래 독자에게 전달하려고 했던 주된 메시지입니다. '설교주제'는 설교자가 자신의 청중에게 전달해야 하는 주된 메시지입니다. 이 두 가지 중심주제를 찾는 것이 설교 준비의 핵심이라고 할 수 있습니다.

본문주제	설교주제
저자가 말한 것	설교자가 말할 것
기록 당시의 독자에게	현재의 청중에게

스토트와 로빈슨의 강해설교 준비 방법을 한눈에 이해할 수 있도

록 그림으로 나타내면 다음과 같습니다.

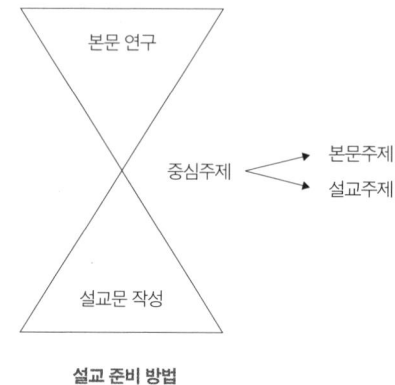

설교 준비 방법

이 그림이 보여 주듯이, 본문을 연구하는 모든 과정은 중심주제를 찾는 것으로 귀결됩니다. 중심주제가 있어야 본문 연구를 끝낼 수 있습니다. 여기서 말하는 중심주제는 본문주제입니다. 그리고 중심주제가 있어야 설교문 작성을 시작할 수 있습니다. 설교문 작성은 중심주제를 확장하는 과정과 다름없습니다. 이때 중심주제는 설교주제입니다. 요약하면, 중심주제는 본문 연구의 마침이자 설교문 작성의 시작이라고 할 수 있습니다. 중심주제는 설교 준비의 알파와 오메가입니다.

05   왜 중심주제가 있어야 합니까?

설교는 서로 관련 없는 여러 가지 개념을 전달하는 것이 아니라, 중심주제를 구심점으로 서로 긴밀하게 연결된 개념을 전달하는 것입니다. 해돈 로빈슨은 "설교는 명중탄이 되어야지 산탄이 되어서는 안 된다"라는 유명한 말을 남겼습니다.[4] 설교는 하나의 과녁, 즉 중심주제를 겨냥해야 합니다. 그러면 중심주제가 있어야 하는 이유는 무엇입니까?

성경 본문이 주제를 담고 있다
성경은 교회에 전달된 하나님의 계시입니다. 「웨스트민스터 신앙고백」 1장 1항은 이 사실을 다음과 같이 밝힙니다.

> 주님께서는 기꺼이 여러 부분과 여러 모양으로 자기 자신을 계시하시고 교회를 향한 자기의 뜻을 선포하셨다. 그리고 그 후에는 진리를 보다 더 잘 보존하고 보급하며, 육신의 부패와 사탄과 세상의 악의를 대항하여 교회를 보다 확실하게 세우고 위로하실 목적으로 그 동일한 내용을 모두 기록하게 하셨다. 이는 성경을 절대적으로 필요하게 만든다. 하나님께서 자기 백성에게 자기 뜻을 계시하는 이전 방식은 이제 중단되었다.

하나님이 이스라엘과 예수 그리스도 안에서 드러내신 계시가 이제 성경을 통해 모든 시대와 모든 장소의 사람들에게 전해지는 길이 열렸습니다. 하나님의 뜻을 전달하기 위해서 성경 저자들은 단어, 문법, 구문, 문학적 장치, 역사적 문맥을 사용해 성경 본문을 기록했습니다. 이제 하나님의 뜻은 성경을 통해 전달됩니다. 아우구스티누스는 "우리가 성경을 읽을 때, 하나님은 우리에게 말씀하신다"고 말합니다.

성경을 통해 하나님이 말씀하신다면, 우리가 들어야 할 메시지는 무엇이고 하나님의 강조점은 무엇인지 찾고 물어야만 합니다. 성경 본문에는 중심주제가 있기 마련입니다. 이 말은 본문에는 단 하나의 주제만 있다는 의미는 아닙니다. 본문에는 복수의 주제가 있을 수 있습니다. 그러나 그 다양한 주제를 포괄할 수 있는 우선적인 주제가 있다는 것입니다. 그 우선적인 주제가 바로 중심주제입니다. 시드니 그레이다누스는 설교하기 알맞게 선택된 본문은 언제나 중심주제를 가지고 있다고 주장하면서 그 이유를 다음과 같이 말합니다.

> [그 이유는] 설교 본문은 하나의 완전한 문학적 단위, 하나의 사상 단위, 하나의 주제 단위를 구성하기 때문이다. 따라서 만일 어떤 선정된 본문이 하나의 주제를 갖지 않는다면, 그것은 설교 본문 전체가 하나의 주제를 갖지 않기 때문이 아니라, 선정된 본문 전체가 설교 본문으로서 적절한 것이 아니기 때문이다.[5]

알맞게 선택된 본문은 중심주제를 담고 있습니다. 설교자는 본문에 담긴 중심주제, 본문이 전달하는 하나님의 메시지를 찾아서 전달해야 합니다. 설교자가 성경을 설교하는 이유가 바로 여기에 있습니다.

중심주제는 설교자에게 유익하다

설교자는 두 가지 면에서 중심주제의 도움을 받을 수 있습니다. 먼저, 중심주제는 설교 준비 과정에서 설교자를 돕습니다. 설교를 위해 본문을 연구하다 보면, 설교자는 많은 자료와 정보로 금세 둘러싸입니다. 성실하고 열정적인 설교자일수록 더합니다. 하지만 현실적으로, 준비 과정에서 발견한 내용 전부를 설교에 담을 수 없습니다. 설교단에 올라가야 할 시간이 정해져 있는 것처럼 설교단에서 내려와야 할 시간도 정해져 있습니다. 우리에게 설교 시간이 한정 없이 주어지지 않습니다. 설교 시간은 제한되어 있습니다. 그래서 설교자는 모은 자료와 정보를 취사선택할 수밖에 없습니다. 그러면 그 선택의 기준은 무엇입니까? 바로 중심주제입니다.

> 설교에 있어서 모든 것이 중심주제와 관련되어 있어야 한다. 그것은 우리를 이끄는 나침반과 같다. 중심주제를 이해하는 데 도움이 안 되는 예화는 제거해야 한다. 명제와 관련이 없는 요점은 바꾸어야 한다. 서론은 청중을 명제로 이끌고 가야하고, 결론은 중심주제를 확신시켜야 한다.[6]

중심주제는 빽빽하고 울창한 자료와 정보의 삼림 속에서 설교자가 길을 잃지 않도록 인도하는 나침반과 같습니다. 중심주제와 관련된 자료는 남기고, 중심주제와 관련되지 않은 자료는 과감하게 제외합니다. 그래도 아쉽다면 자료를 가공하되 중심주제와 관련되게 만들어야 합니다. 선택의 기준은 언제나 중심주제입니다. 중심주제는 이와 같은 방식으로 설교자에게 유익을 줍니다.

중심주제는 설교 준비뿐 아니라 설교 전달 과정에서도 설교자를 돕습니다. 중심주제가 있는 설교를 생각해 봅시다. 설교 각 부분이 어떤 식으로든 중심주제와 연결됩니다. 이 부분에서 이렇게 설명을 하고, 저 부분에서 저렇게 예화를 드는 이유는 모두 중심주제 때문입니다. 모든 부분은 중심주제를 구현하고, 중심주제를 향하고 있습니다. 설교의 모든 내용이 중심주제를 따라 정렬되어 있어서 설교 내용을 떠올리기도 쉽습니다. 결과적으로 설교 원고에 덜 얽매일 수 있으니 청중을 바라볼 수 있는 여유도 생깁니다.

중심주제는 청중에게 유익하다

중심주제는 설교자에게만 유익을 주는 것이 아닙니다. 중심주제는 청중에게도 도움이 됩니다. 청중은 산만하고 흐트러진 설교보다 중심주제가 있는 설교를 더 잘 이해합니다. 그 이유가 무엇일까요? 청중은 일치와 질서를 추구하기 때문입니다. 그래디 데이비스H. Grady Davis는 "통일성에 대한 욕구는 청중의 마음에 새겨진 법이다"라고 말했습니다.[7] 그렇습니다. 이것은 법입니다. 로마에서는 로마의 법을 따라야 하는 것처럼, 청중에게 영향을 주고자 하는 설교자는 청중의 마음에 새겨진 법을 따라야 합니다. 청중은 산발적으로 흩어져 있는 여러 개념이 담긴 설교보다 명확한 중심주제가 이끄는 설교를 쉽게 이해합니다. 흩어지는 모래알보다 뭉친 눈덩이를 잡기 쉬운 것과 마찬가지입니다.

더욱이 중심주제로 뭉쳐지지 않은 설교는 청중에게 이해가 아니라 오해를 살 수도 있습니다.

만일 설교자에게 이 하나의 문장[중심주제]이 없다면……청중은 설교에서 별 중요하지 않은 포인트나 이야기에 근거해 그들 자신의 문장을 만들어낼 것이다. 그들은 메시지의 하찮은 부분에 근거해 마음속 '진리'를 빚어낼 것이다. 그러나 이런 진리는 기껏해야 주변적이다. 최악의 경우, 설교자가 말한 바를 뒤틀고 왜곡해 설교자의 의도와 완전히 달라지기도 한다.[8]

주제가 선명하지 않은 설교는 청중에게 혼란을 줄 수 있습니다. 그러나 중심주제가 분명한 설교는 청중에게 하나님의 말씀을 이해하는 기쁨을 선사합니다.

설교에는 중심주제가 있어야 합니다. 중심주제는 설교자가 제대로 성경을 설교하도록 돕고, 설교자의 설교 준비와 설교 전달에 힘을 보태며, 또 청중이 설교를 잘 이해하도록 거듭니다. 중심주제가 뚜렷한 설교를 하는 설교자와 그 설교를 듣는 청중은 복됩니다.

06 성경 본문에서 본문주제를 어떻게 찾아냅니까?

설교자가 본문 연구를 통해 반드시 찾아내야 하는 것은 본문주제입니다. 그러면 본문주제는 어떻게 찾을 수 있을까요? 오늘날 우리는 성경 저자나 원래 독자들과 시간적·공간적으로 멀리 떨어져 있는데 과연 본문주제를 제대로 찾을 수 있을까요? 다행스럽게도 성경 저자들은 본문주제를 비밀스러운 암호처럼 숨겨 놓지 않았습니다. 오히려 본문주제를 알려주는 실마리들을 본문 곳곳에 남겨 두었습니다.

직접적인 명령이나 권고를 찾으라

본문이 직접적인 명령이나 권고를 담고 있다면, 그것은 본문주제일 가능성이 큽니다. 마태복음 6:1-18을 보겠습니다. 1절에 바로 명령과 그 이유가 나타납니다. "사람에게 보이려고 그들 앞에서 너희 의를 행하지 않도록 주의하라. 그리하지 아니하면 하늘에 계신 너희 아버지께 상을 받지 못하느니라." 이 부분이 바로 본문주제입니다. 단락의 전체 내용은 이 본문주제를 따라 전개됩니다. 여기서 예수님은 사람에게 보이기 위한 목적으로 하는 구제2-4절, 기도5-15절, 금식16-18절을 경계하라고 하십니다.

갈라디아서 4:21-5:1은 첫 부분이 아니라 마지막 부분에 명령의 이유와 명령이 나타납니다. "그리스도께서 우리를 자유롭게 하려고 자유를 주셨으니 그러므로 굳건하게 서서 다시는 종의 멍에를 메지 말라."⁵:¹ 이 명령과 권고가 본문주제입니다. 앞서 바울이 언급한 아브라함의 두 아들, 곧 자유 있는 여자의 아들과 여종의 아들에 관한 모든 내용은 결론적으로 이 명령 때문에 존재합니다.

반복되는 표현이나 주제를 살피라

반복되는 표현이나 주제도 본문주제를 가리키는 실마리가 될 수 있습니다. 반복은 중심주제를 전달하는 단순하지만 효과적인 방법입니다. 대표적인 예가 여호수아 1:1-9입니다. 이 본문은 하나님이 모세를 대신하여 이스라엘 백성의 지도자가 된 여호수아에게 하시는 말씀입니다. 이 본문에는 각각 다르게 표현되었지만 반복되는 하나의 메시지가 있습니다. 바로 "강하고 담대하라"는 권고입니다. 6절에서 처음 등장한 이 권고는 7절에서 "오직 강하고 극히 담대하여"로 다시 나타나고, 9절에서 "강하고 담대하라. 두려워하지 말며 놀라지 말라"라는 표현으로 반복됩니다. 이렇게 반복되는 표현은 본문주제를 찾는 단서가 됩니다.

야고보서 2:14-26에서도 반복을 통해 본문의 중심주제를 전달하는 한 가지 예를 볼 수 있습니다. 이 본문에는 "행함이 없는 믿음"이라는 표현이 세 번 나타납니다[17, 20, 26절]. 14절에는 "믿음이 있노라 하고 행함이 없으면"이라는 표현도 등장하고, 18절에서는 "행함이 없는 네 믿음"과 같은 표현도 나옵니다. 본문을 통해 여러 차례 반복되던 이 표현은 끝부분에서 26절의 "영혼 없는 몸이 죽은 것같이 행함이 없는 믿음은 죽은 것이니라"는 결론으로 이어집니다. 본문에 반복되는 표현이나 주제가 있다면, 그것이 본문주제를 찾을 수 있는 실마리일 가능성이 큽니다.

저자가 밝히는 본문의 기록 목적을 확인하라

성경 저자들은 종종 자신이 본문을 기록하게 된 목적을 분명히 밝히기도 합니다. 바울은 데살로니가전서 4:13에 이렇게 기록합니다. "형제들아, 자는 자들에 관하여는 너희가 알지 못함을 우리가 원하지 아니하노니 이는 소망 없는 다른 이와 같이 슬퍼하지 않게 하려 함이라." 데살로니가교회 교인들 가운데 죽은 자들 때문에 슬퍼하는 사람들이 있었던 것 같습니다. 예수님이 강림하시기 전에 이미 죽은 자들은 영광에 들어가지 못할 것이라는 오해가 있었기 때문입니다. 바울은 이 오해를 바로잡고 그들이 더는 죽은 자들 때문에 슬퍼하지 않도록 예수님의 강림과 죽은 자들의 부활에 관한 본문 4:13-18 을 기록했습니다. 데살로니가전서 4:13은 바울 자신이 밝히는 기록 목적입니다. 저자가 직접 밝히는 본문 기록 목적에는 본문주제를 발견할 수 있는 실마리가 있을 수 있습니다.

내러티브(이야기) 본문에서는 화자의 해설이나 평가를 통해 본문 기록 목적을 확인할 수 있을 때가 있습니다. 요셉 이야기 창 39:1-23 에서 화자는 "여호와께서 요셉과 함께 하셨다"라는 평가를 네 번에 걸쳐 반복합니다 2, 3, 21, 23절. 이 해설을 통해 요셉 이야기가 단순히 요셉의 인생 역전 스토리가 아니라 요셉과 함께하신 하나님의 이야기라는 것을 보여줍니다. 가나의 혼인 잔치를 기록한 본문 요 2:1-11 에도 화자의 해설이 등장합니다. 화자는 이야기를 매듭짓고 나서 "예수께서 이 표적을 갈릴리 가나에서 행하여 그의 영광을 나타내시매 제자들이 그를 믿으니라" 요 2:11 고 해설을 덧붙입니다. 이 해설은 이야기가 전달하려는 핵심이 마리아의 믿음이나 하인들의 순종이 아니라 표적을 행하신 예수님에게 있음을 분명히 보여줍니다. 저자가 직접 밝히는 기록 목적은 예수님이 행하신 표적을 통해 예수님을 알고 예수님을 믿도록 하는 것입니다 요 20:31.

적절한 초점을 유지하며 본문의 중심적인 요소에 주목하라

본문에서 중심주제와 관련된 실마리를 발견할 수 없을 때는 어떻게 할까요? 그냥 내 마음에 드는 단어나 구절을 떼어내어 설교해야 할까요? 그럴 수 없습니다. 성실한 연구를 통해 본문주제를 유추해 내야 합니다. 이때 잊지 말아야 할 것이 있습니다. 본문을 보는 적절한 거리와 초점을 유지해야 합니다.

전자 현미경으로 나비 날개를 찍은 사진을 본 적이 있습니다. 날개의 한 부분에만 초점을 맞추어 확대해서 찍은 사진이었습니다. 나비 날개가 아니라 형형색색 실로 수놓아진 양탄자처럼 보였습니다. 그 누구도 그것이 나비 날개라는 것을 알아챌 수 없을 것 같았습니다. 본문주제를 찾는 것은 그것이 나비 날개라는 것, 더 나아가 그것이 나비라는 것을 알아내는 것과 같습니다. 초점을 너무 가까이 본문을 보면, 오히려 저자가 전하려는 메시지를 놓칠 수 있습니다. 본문주제를 찾기 위해서는 적당한 거리를 유지하고 넓은 관점으로 본문을 보아야 합니다.

초점을 제대로 유지하지 못하면 본문의 지엽적인 요소에 매입니다. 본문의 한 단어에서 수많은 의미와 메시지를 캐내는 설교자들이 있습니다. 놀랍고 대단하지만 자칫하면 이런 태도는 나비는 못 보고 나비의 날개, 그것도 날개의 한 부분만 보는 것과 같을 수 있습니다. 초점을 너무 가까이 둔 탓입니다. 본문주제를 찾기 위해서는 본문의 지엽적인 요소가 아니라 중심적인 요소에 집중해야 합니다. 길성남은 다음과 같이 말합니다.

단락에는 하나님의 말씀을 직접 전달하는 구절들과 문장들이 있는 반면, 이차적이며 보조적인 역할을 하는 것들도 있습니다. 대체로 이차적이며 보조적인 구절에서 얻은 영적인 교훈과 유익은 성경 저자나 하나님이 의도한 것이 아닐 수 있습니다. 그러므로 하나님의 의도를 찾으려면 중심적인 구절에 주의를 기울여야 합니다.[9]

맞습니다. 본문주제를 파악하기 위해서는 본문을 보는 초점을 적절히 유지하여 본문의 중심적인 구절을 찾고 그 구절에 주목해야 합니다.

본문 연구의 열매는 중심주제입니다. 그러나 이 열매를 얻기 위해 설교자 홀로 분투해야 하는 것은 아닙니다. 성경 저자들이 우리를 돕습니다. 성경을 통해 우리에게 말씀하시는 하나님께서 우리를 도우십니다. 그러므로 본문을 성실히 연구하기만 한다면 우리는 중심주제라는 열매를 분명히 거둘 수 있을 것입니다.

07 본문주제를 찾는 데 유용한 방법이 있습니까?

본문주제를 찾는 데 유용한 방법이 있습니다. 이 방법은 본문의 말단이 아니라 본문의 중심 구절에 주목하도록 해서 정확한 본문주제를 발견할 수 있도록 돕습니다. 해돈 로빈슨이 유행시킨 질문-대답 방법인데, 설교학자마다 조금씩 변형해서 사용합니다. 여기서는 4단계로 소개하겠습니다.

1) 본문이 다루는 토픽(화제)을 파악한다.
2) 그 토픽에 육하원칙을 따라 질문을 한다.
3) 그 질문 중 본문이 중점적으로 대답하는 중심 질문을 선택한다.
4) 중심 질문과 본문이 제공하는 대답을 연결해 문장으로 만든다.

예를 들어, 요한1서 2:15-17의 본문주제를 4단계 방법을 따라 파악해 보겠습니다.

15 이 세상이나 세상에 있는 것들을 사랑하지 말라. 누구든지 세상을 사랑하면 아버지의 사랑이 그 안에 있지 아니하니 16 이는 세상에 있는 모든 것이 육신의 정욕과 안목의 정욕과 이생의 자랑이니 다 아버지께로부터 온 것이 아니요 세상으로부터 온 것이라. 17 이 세상도, 그 정욕도 지나가되 오직 하나님의 뜻을 행하는 자는 영원히 거하느니라.

본문의 토픽이 무엇일까요? 본문은 주로 무엇을 말합니까? 본문은 '이 세상을 사랑하지 말라'고 말합니다. 이것이 바로 본문이 다루는 토픽입니다. 본문의 토픽은 단어나 구, 그리고 지금의 예처럼 문장도 가능합니다. 그러나 그 문장이 너무 길고 복잡해서는 안 됩니다.

다음은 찾아낸 토픽에 육하원칙을 따라 질문하는 단계입니다. 육하원칙은 우리가 알고 있는 것처럼 '누가', '언제', '어디서', '무엇을', '어떻게', '왜'입니다. '이 세상을 사랑하지 말라'는 토픽에 육하원칙을 따라 질문하면 아래와 같습니다.

누가 이 세상을 사랑하지 말아야 하는가?
언제 이 세상을 사랑하지 말아야 하는가?
어디서 이 세상을 사랑하지 말아야 하는가?
이 세상을 사랑하지 않는다는 것은 무슨 의미인가?
어떻게 이 세상을 사랑하지 않을 수 있는가?
왜 이 세상을 사랑하지 말아야 하는가?

이 여섯 가지 질문을 염두에 두고 다시 본문을 살펴보십시오. 어떤 질문에는 본문이 침묵합니다. 어떤 질문에는 단순한 대답을 내놓습니다. 그러나 어떤 질문에는 본문이 성의껏 대답합니다. 요한1서 2:15-17은 여섯 가지 질문 가운데 "왜 이 세상을 사랑하지 말아야 하는가?"라는 질문에 주로 대답합니다. 본문이 관심을 가지고 성의를 다해 대답하는 이 질문이 우리가 찾는 중심 질문입니다.

그렇다면 본문은 이 중심 질문에 어떤 대답을 내놓습니까? 본문은 두 가지로 대답합니다. 첫째, 누구든지 세상과 하나님을 동시에 사랑할 수 없다15a절. 둘째, 세상은 영원하지 않다17절. 이처럼 중심 질문에 대한 대답을 찾아내었으면, 이제 중심 질문과 그 대답을 적절히 연결해야 합니다. 이 둘을 연결하면 바로 본문주제가 됩니다. 여기서는 중심 질문과 대답을 연결해 다음과 같은 본문주제를 얻을 수 있습니다. "세상을 사랑하지 말라. 왜냐하면 누구든지 세상과 하나님을 동시에 사랑할 수 없고 세상은 영원하지 않기 때문이다."

본문주제를 한 문장으로 줄여서 표현하기를 고집하는 설교학자들이 있습니다. 그러나 본문주제가 꼭 한 문장이어야 할 필요는 없습니다. 본문에 따라 두세 문장도 괜찮습니다. 한 문장 주제를 강조하는 이유는 청중이 주제를 기억하는 데 도움을 주기 위해서입니다. 다음에 설명할 기회가 있겠지만, 이는 설교주제가 감당할 몫입니다질문 11 참조. 본문주제는 본문이 말하는 중심 메시지를 설교자가 명쾌하게 파악하는 선에서 결정하면 충분합니다.

에베소서 6:1-3로 본문주제를 찾는 4단계 방법을 한 번 더 연습해 보겠습니다.

> 1 자녀들아, 주 안에서 너희 부모에게 순종하라. 이것이 옳으니라. 2 네 아버지와 어머니를 공경하라. 이것은 약속이 있는 첫 계명이니 3 이로써 네가 잘되고 땅에서 장수하리라.

본문의 토픽이 무엇입니까? 본문이 주로 무엇을 말합니까? '부모에게 순종하라'입니다. 이제 중심 질문을 찾을 차례입니다. 본문의 토픽에 육하원칙을 따라 질문하고 본문을 살펴봅시다. 본문이 주로 대답하는 질문은 "왜 부모에게 순종해야 하는가?"입니다. 이것이 중심 질문입니다. 이제 중심 질문에 본문이 어떻게 대답하는지 찾아야 합니다. 본문은 이 중심 질문에 두 가지로 대답합니다. 첫째, 부모에게 순종하는 것이 옳다1b절. 둘째, 부모에게 순종하는 것은 약속이 있다2a절. 중심 질문과 대답을 적절히 연결하면 다음과 같은 본문주제를 얻을 수 있습니다. "부모에게 순종하라. 왜냐하면 부모에게 순종하는 것이 옳고 약속이 있기 때문이다."

지금까지 소개한 본문주제를 확보하는 4단계가 어떤 사람에게는 너무 단순하게 느껴질 수 있습니다. 또 어떤 사람에게는 각 단계를 적용하는 것이 공식을 이용해 수학 문제를 푸는 것처럼 기계적으로 느껴질 수 있습니다. 수학이 설교준비와 무슨 상관이란 말입니까! 그러나 적지 않은 설교학자들이 본문주제를 찾을 때 이와 같은 단계를 적용해 보라고 추천합니다. 열린 마음으로 꾸준히 연습한다면 본문주제를 찾는 데 귀한 도구가 될 것이라 확신합니다.

08   본문주제가 옳은지 확인하는 방법이 있습니까?

성경 저자의 도움을 힘입고, 또 질문-대답 방법을 사용해서 본문주제를 얻었습니다. 그러나 아직 끝이 아닙니다. 올바른 본문주제를 얻는 길은 멀고도 험합니다. 그렇지만 설교자라면 꼭 가야 하는 길입니다. 이제 설교자는 무엇을 해야 할까요? 확보한 본문주제가 적합한지 알아봐야 합니다. 확인 또 확인해야 합니다. 그만큼 본문주제가 중요하기 때문이지요.

　본문주제가 적합한지 아닌지 확인하기 위해서는 다시 본문으로 돌아가서 본문을 살펴야 합니다. 만일 본문주제가 적합하다면, 그 본문주제는 본문의 모든 세부 사항과 연결될 것입니다. 중심주제라는 단어 자체가 의미하는 것처럼, 본문의 모든 부분은 그 주제를 중심축으로 가지런히 배열됩니다. 본문의 모든 부분이 주제를 중심으로 배열되는 것은 성경만 가지고 있는 특징은 아닙니다. 모든 책이 다 그렇습니다. 모티머 애들러 Mortimer Adler 는 『생각을 넓혀주는 독서법』이라는 유명한 책에서 책을 잘 읽는 방법을 다음과 같이 소개합니다.

　　책을 잘 읽으려면 즉, 가장 잘 이해하려면, 그 책의 설계도를 찾아야 한다. 저자 자신이 명확하게 설계도를 보며 지은 책이라면 훨씬 좋은 책이 될 것이다. 어쨌든 단순히 부분 부분을 모아두기만 한 것이 아니라, 서로 연결되어 하나의 통일된 개체를 이루고 있다면 분명히 설계도가 있을 것이다. 그 설계도를 찾아내라![10]

모든 책에는 설계도가 있습니다. 그리고 그 설계도의 핵심에는 모든 부분을 하나로 통일하는 중심주제가 있습니다. 설계도는 중심주제를 축으로 구성됩니다. 그러므로 중심주제와 설계도는 서로를 반영합니다.

따라서 본문주제가 적합한지 확인하기 위해서 본문주제를 기준으로 본문의 설계도, 곧 본문개요를 작성해 보는 것이 좋은 방법입니다.[11] 만약 우리가 찾아낸 본문주제가 옳다면, 그 본문주제는 본문개요에서 가장 큰 뼈대로 기능할 것입니다. 본문의 나머지 부분은 잔뼈들처럼 큰 뼈대에 연결됩니다. 요한1서 2:15-17을 살펴보겠습니다.

> **세상을 사랑하지 말라.**15a절
>> **왜냐하면 누구든지 하나님과 세상을 동시에 사랑할 수 없기 때문이다.**15b절
>>> [이유] 세상에 있는 모든 것이 하나님께로 온 것이 아니고
>>>> [설명] 육신의 정욕과 안목의 정욕과 이생의 자랑
>>>
>>> 세상으로부터 왔다.16절
>>
>> **왜냐하면 세상은 영원하지 않기 때문이다.**17a절
>>> [대조] 하나님의 뜻을 행하는 자가 영원하다.17b절

굵게 강조된 부분이 본문주제입니다. 확인할 수 있는 것처럼 본문주제는 본문의 큰 뼈대입니다. 나머지 부분은 큰 뼈대에 연결된 잔뼈들

입니다. 모두 본문주제에 연결되어 본문주제를 뒷받침하는 구조입니다. 만약 우리가 찾아낸 본문주제가 적합하지 않다면, 그 주제는 본문개요에서 큰 뼈대 역할을 하지 못하고 본문 일부와 관련된 것으로 그치게 될 것입니다.

에베소서 6:1-3도 마찬가지입니다. 본문주제를 구심점으로 본문의 나머지 것들이 연결되어 있습니다. 본문개요에서 본문주제는 큰 뼈대이며 나머지는 큰 뼈대에 연결된 잔뼈들입니다.

부모에게 순종하라. 1a, 2a절

    왜냐하면 옳기 때문이다. 1b절

    왜냐하면 약속이 있기 때문이다. 2b절

        ↳ [설명] 잘 되고 땅에서 장수한다. 3절

본문주제와 본문개요를 비교하는 작업은 우리가 찾은 본문주제가 본문의 설계도, 곧 본문의 논리와 어울리는지 확인하는 과정입니다. 존 파이퍼 John Piper 는 "성경 본문의 논리에 순종하지 않으면 자아가 높아지고 하나님은 왕좌에서 밀려난다"고 말합니다.[12] 본문주제와 본문개요의 상관관계를 확인하는 것은 설교에서 이 같은 참사가 일어나지 않도록 예방하는 것입니다. 적합한 본문주제를 찾기 위해 최선을 다하는 설교자는 설교자 자신이 아니라 하나님을 높이는 설교를 하게 될 것입니다.

09 설교주제는 어떻게 찾습니까?

지금까지 우리의 관심은 본문주제였습니다. 그러나 본문주제만으로 설교를 할 수는 없습니다. 본문주제는 본문의 저자가 원래 독자에게 전한 메시지입니다. 설교자가 본문의 저자가 아닌 것처럼 청중도 원래 독자가 아닙니다. 그러므로 설교를 위해서는 설교자가 청중에게 전하는 메시지가 있어야 합니다. 이것이 바로 설교주제입니다.

본문주세에서 보편 원리를 끌어내라
설교는 본문에 근거해야 하므로 설교주제는 당연히 본문주제에 근거해야 합니다. 그러나 본문주제에는 본문이 기록된 시대의 역사적이고 문화적인 정황이 포함되어 있습니다. 특정 시대와 문화를 반영하는 요소는 본문주제를 그대로 이 시대 청중에게 연결하는 것을 불가능하게 만듭니다. 따라서 설교자는 본문주제가 반영하는 특수한 문화와 시대를 넘어서는 보편 원리를 끌어내야 합니다. 본문주제에서 도출한 보편 원리야말로 모든 시대, 모든 문화에 속한 사람들에게 적용할 수 있는 메시지입니다. 물론 지금 우리 청중까지 포함해서 말입니다.

　어떤 본문주제는 그 자체로 모든 시대, 모든 문화에 속한 사람들에게 적용할 수 있는 보편 원리일 수 있습니다. 앞서 예를 든 요한1서 2:1-17이 바로 그런 경우지요. "세상을 사랑하지 말라"는 메시지는 원래 독자에게만 아니라 오늘날 청중에게도 적용할 수 있습니다. 에베소서 6:1-3도 마찬가지입니다. 그때만이 아니라 지금도 부모에게 순종해야 합니다. 이처럼 본문주제 자체가 보편 원리가 되는 예는 많습니다. 하나님을 사랑하고 이웃을 사랑하는 것은 그때나 지금이나 칭찬받을 일입니다. 탐욕이 자신을 사로잡도록 내버려 두는 것은 그때나 지금이나 책망 받을 일입니다. 모두 보편 원리입니다.

그러나 이와 다른 예도 많습니다. 요한복음 13:12-17을 보겠습니다.

> 12 그들의 발을 씻으신 후에 옷을 입으시고 다시 앉아 그들에게 이르시되 내가 너희에게 행한 것을 너희가 아느냐. 13 너희가 나를 선생이라 또는 주라 하니 너희 말이 옳도다. 내가 그러하다. 14 내가 주와 또는 선생이 되어 너희 발을 씻었으니 너희도 서로 발을 씻어 주는 것이 옳으니라. 15 내가 너희에게 행한 것같이 너희도 행하게 하려 하여 본을 보였노라. 16 내가 진실로 진실로 너희에게 이르노니 종이 주인보다 크지 못하고 보냄을 받은 자가 보낸 자보다 크지 못하나니 17 너희가 이것을 알고 행하면 복이 있으리라.

본문주제가 무엇입니까? "서로 발을 씻어 주어야 한다. 왜냐하면 주님이 본을 보이신 일이고 약속된 복이 있기 때문이다"라고 할 수 있습니다. 그러나 이 본문주제를 근거로 우리도 세족식을 해야 한다고 설교할 수는 없습니다. 본문에서 발을 씻어 주는 행위는 저자와 원래 독자가 공유하는 그 당시 문화적 관점에서 이해해야 합니다. 당시 사람들은 샌들처럼 가벼운 신발을 신고 비포장 길을 다녔기 때문에, 집 안으로 들어갈 때는 발을 씻어야 했습니다. 주인은 환대의 표시로 손님들에게 발 씻을 물을 제공하기도 했습니다. 다른 사람의 발을 씻어 주는 것은 천한 일에 속했으며 종의 일이었는데 예수께서 감당하셨습니다. 제자들을 겸손히 섬기신 것이지요. 이처럼 본문에 나타난 다른 사람의 발을 씻어 주는 행위는 당시의 문화적 관습과 밀접한 관련이 있습니다. 그러므로 '서로 발을 씻어 주라'는 메시지는 당시 문화를 초월하는 보편 원리 곧 "서로 겸손히 섬기라"로 바꿔야 합니다.

거룩한 입맞춤으로 인사하라는 바울의 명령 롬 16:16; 고전 16:20; 살전 5:26, 우상에게 바친 고기에 대한 문제 고전 8장, 소가 사람을 받았을 때 처리하는 법규 출 21:28-29, 곡식과 열매를 가난한 자들을 위해 남겨두라는 규정 레 19:9-10; 신 24:19-22 같은 수제도 당시 문화와 긴밀히 연결되어 있습니다. 특정한 역사적 상황 속에서 일어난 내러티브 본문도 마찬가지입니다. 이런 본문을 설교하기 위해서는 본문주제를 보편 원리로 바꾸는 과정을 거쳐야 합니다. 그렇게 해야 오늘날 청중에게 한층 다가간 메시지를 얻을 수 있습니다.

본문주제에서 올바른 보편 원리를 끌어냈는지 확인하려면 다음과 같은 몇 가지 질문을 던져 보아야 합니다.

- 그 원리는 성경 본문의 의미를 잘 반영하고 있는가?
- 그 원리는 보편적인가? 특정 상황에만 매여 있지 않은가?
- 그 원리는 여러 문화에 적용 가능한가? 특정 문화에만 해당하지 않는가?
- 그 원리는 성경 전체의 말씀과 조화를 이루는가?

• 그 원리는 원래 독자와 현대 청중에게 모두 연결되는가?[13]

청중이 순종해야 할 반응을 더하라

본문주제로부터 보편 원리를 추출했다고 해서 설교주제를 찾는 작업이 모두 끝난 것은 아닙니다. 보편 원리만으로는 설교주제가 될 수 없습니다. '보편 원리 = 설교주제'는 아니라는 말이지요. 보편 원리에 청중이 순종해야 할 반응을 더해야 완전한 설교주제가 됩니다. 설교주제에 청중이 순종해야 할 반응을 추가하는 이유가 무엇일까요? 설교의 목표가 바로 청중의 순종, 청중의 변화이기 때문입니다. 참된 설교는 청중을 변화시킵니다.

19세기의 영국 설교자 찰스 시므온 Charles Simeon 은 자신의 설교에 대해 세 가지 질문을 반드시 했다고 합니다. "설교가 죄인을 겸손하게 하였는가? 설교가 구주를 높였는가? 설교가 거룩함을 북돋웠는가?"[14] 시므온은 청중에게 변화를 일으키는 설교를 하기 원했습니다. 설교의 목표는 청중의 변화입니다. 한진환은 설교의 목표와 관련하여 다음과 같이 말합니다.

> 설교는 결코 청중의 성경 지식을 고취시키는 것으로 끝나서는 안 된다. 본문에 대한 이해의 지평을 넓히는 것이 중요하지만 그렇게 하는 이유는 그것을 통해 삶의 변화를 이룰 수 있기 때문이다. 삶의 변화를 지향하지 않는 설교는 성경 공부나 교리 해설은 될 수 있을지언정 설교는 아니다.[15]

설교는 죄를 고발하고, 선입견에 도전하며, 삶의 방향을 바꾸라고 요구합니다. 설교를 들은 청중이 '이 말씀에는 순종할 수 없겠어'라는 반응을 보일 수는 있어도 '이 말씀은 무엇을 순종하라는 것인지 모르겠어'라는 반응을 보여서는 안 됩니다. 하나님의 말씀은 순종을 요구합니다. 청중은 설교를 통해 하나님의 말씀이 요구하는 순종이 무엇인지 정확히 깨달을 수 있어야 합니다.

그러므로 설교주제에는 '본문이 무엇을 말하는가'에서 한 단계 더 나아가 '청중이 어떻게 반응해야 하는가'라는 질문에도 대답해야 합니다. 설교주제에는 원리와 반응이, 직설법과 명령법이 긴밀하게 연결되어 있어야 합니다.

설교주제의 구성

참된 설교에는 언제나 이중적인 초점이 있습니다. 바로 본문과 청중입니다. 설교주제도 이 이중초점을 잘 반영해야 합니다. 설교주제는 본문에 근거해야 하며 청중에게 적합해야 합니다. 그러므로 본문주제에서 나온 보편 원리에 청중이 순종해야 할 반응을 더해야 합니다. 설교주제가 이 이중초점을 잘 반영하면 청중은 그 설교를 통해 하나님이 자신에게 하시는 말씀을 깨닫고 그 말씀에 순종하게 될 것입니다.

10   설교주제 속 청중이 순종해야 할 반응은 어떻게 정합니까?

설교의 목표는 정보전달이 아니라 변화입니다. 많은 경우 설교자들이 실패하는 이유가 여기에 있습니다. 청중에게 무엇을 전해야 할지 고민하는 만큼 청중이 순종해야 할 반응에 대해서는 고민하지 않습니다. 청중의 반응에 관심이 없는 설교자는 마치 과녁 없이 무작정 활시위를 당기는 궁수와 같습니다. 처음부터 목표가 없으니 목표를 이룰 수도 없겠지요. 존재하지 않는 목표를 어떻게 성취할 수 있겠습니까?

본문에 기초를 두라

그렇다면 설교의 목표라고 할 수 있는 '청중이 순종해야 할 반응'은 어떻게 정할까요? 당연한 말이지만 설교자는 임의로 청중의 반응을 결정해서는 안 됩니다. 청중이 순종해야 할 반응은 본문에 근거해야 합니다.

> 올바르게 선정된 설교 본문은 어느 것이나 처음 독자들에게 어떤 특정 목표, 즉 어떤 질문에 대한 대답, 위로, 격려, 교정, 가르침, 순종의 동기 부여, 찬양, 신뢰 등등을 달성하려고 한다. 따라서 만일 설교자가 이 특정 목표를 표현하고 그 본문이 초점을 두고 응답하려는 문제를 언급할 수 있다면, 설교자는 이미 [오늘날의 청중과] 연관성 있는 설교의 절반을 완성한 셈이다.[16]

시드니 그레이다누스가 말한 것처럼 성경 본문은 이미 목표를 가지고 있습니다. 토마스 롱 Thomas Long 은 본문의 목표를 "본문이 독자에게 행하고자 하는 것"이라고 표현합니다.[17] 본문은 독자에게 무언가를 말하는 것에서 그치지 않고 독자에게 무언가를 행합니다. 본문이 행하고자 하는 것을 발견해 설교하는 것, 그래서 거기에 청중이 반응하도록 하는 것이 바로 설교자의 임무입니다.

'본문이 행하고자 하는 것'은 '본문이 말하는 것'과 불가분리의 관계입니다. 본문에는 손과 발이 없고 오직 입만 있습니다. 본문은 말하는 것으로 행합니다. 따라서 청중이 보여야 할 변화는 본문이 말하는 것, 좀 더 구체적으로는 본문주제에서 끌어낸 원리에서 찾을 수 있습니다. 그러나 원리가 곧 본문의 목표는 아닙니다. 원리는 도구일 뿐이며, 그 도구를 통해 이루고자 하는 목표가 바로 청중의 반응입니다. 나이프로 스테이크를 썰고 연필로 글을 쓰듯이, 본문의 원리가 청중의 반응을 이끌어 냅니다.

예를 들어, 바울은 에베소서 6:1-3에서 부모에게 순종하라고 말합니다. 그러면 설교자는 여기서 부모에게 순종하라고 요구해야 합니다. '부모에게 순종하라'는 원리로 청중에게 '낙심 중에 소망을 품으라'고 요구할 수는 없습니다. 본문과 무관한 반응을 청중에게 요구하는 것은 연필로 스테이크를 썰고 나이프로 글을 쓰려고 하는 것과 같습니다. 그러므로 설교자는 청중에게 요구할 반응을 임의로 결정하는 것이 아니라 본문에서 끌어낸 원리가 요구하는 특정한 반응을 찾아내서 요구해야 합니다.

본문 자체가 무언가를 권면하고 명령하는 내용이면 청중에게 요구할 반응을 발견하기가 어렵지 않습니다. 부모에게 순종하라. 하나님을 사랑하고 이웃을 사랑하라. 살인하지 말라. 모두 마찬가지입니다. 하지만 모든 본문이 명령형은 아닙니다. 창세기 45:4-11을 예로 들어 보겠습니다.

4 요셉이 형들에게 이르되 내게로 가까이 오소서. 그들이 가까이 가니 이르되 나는 당신들의 아우 요셉이니 5 당신들이 애굽에 판 자라. 당신들이 나를 이 곳에 팔았다고 해서 근심하지 마소서. 한탄하지 마소서. 하나님이 생명을 구원하시려고 나를 당신들보다 먼저 보내셨나이다. 6 이 땅에 이 년 동안 흉년이 들었으나 아직 오 년은 밭갈이도 못하고 추수도 못할지라. 7 하나님이 큰 구원으로 당신들의 생명을 보존하고 당신들의 후손을 세상에 두시려고 나를 당신들보다 먼저 보내셨나니 8 그런즉 나를 이리로 보낸 이는 당신들이 아니요 하나님이시라. 하나님이 나를 바로에게 아버지로 삼으시고 그 온 집의 주로 삼으시며 애굽 온 땅의 통치자로 삼으셨나이다. 9 당신들은 속히 아버지께로 올라가서 아뢰기를 아버지의 아들 요셉의 말에 하나님이 나를 애굽 전국의 주로 세우셨으니 지체 말고 내게로 내려오사 10 아버지의 아들들과 아버지의 손자들과 아버지의 양과 소와 모든 소유가 고센 땅에 머물며

나와 가깝게 하소서. 11 흉년이 아직 다섯 해가 있으니 내가 거기서 아버지를 봉양하리이다. 아버지와 아버지의 가족과 아버지께 속한 모든 사람에게 부족함이 없도록 하겠나이다 하더라고 전하소서.

이 본문은 어떤 직접적인 권면도 담고 있지 않습니다. 이럴 때는 본문을 잘 살펴서 원리를 발견하고, 그 원리가 어떤 순종을 요구하는지 숙고해서 청중에게 요구할 반응을 끌어내야 합니다. 이 본문에서 청중이 순종해야 할 반응은 다음과 같은 순서로 뽑아낼 수 있습니다.

- 본문주제: 요셉이 당한 고난은 요셉의 가족과 후손의 생명을 보존하시기 위한 하나님의 계획이었다.
- 보편 원리: 우리가 당하는 고난 속에 하나님의 계획이 있다.
- 청중의 반응: 고난 가운데도 낙심하지 말아야 한다.

존 스토트는 성경 본문을 몇 가지 범주로 나누고 그에 따라 청중이 보여야 할 반응을 목록으로 만들었습니다. 이 목록은 본문에 기초해 청중의 반응을 정하려고 애쓰는 설교자에게 유익할 것입니다.[18]

- 본문이 하나님과 그분의 위대하심을 말한다면, 겸손히 예배로 반응해야 한다.
- 본문이 우리에 대해, 곧 우리의 고집, 변덕스러움, 죄악을 말한다면, 회개와 자백으로 반응해야 한다.
- 본문이 예수님과 그분의 인격과 사역의 영광스러움을 말한다

면, 이 구원자를 붙드는 믿음으로 반응해야 한다.
- 본문이 하나님의 약속을 말한다면, 그 약속을 상속받고자 결심해야 한다.
- 본문이 하나님의 계명을 말한다면, 그 계명에 순종하고자 결단해야 한다.
- 본문이 이 세상과 이 세상의 영적이고 물질적인 필요를 말한다면, 긍휼히 여기는 마음으로 세상에 복음을 전하고, 배고픈 자들을 먹이고, 가난한 자들을 돌보는 것으로 반응해야 한다.
- 본문이 미래와 그리스도의 재림과 이후에 따라올 영광을 말한다면, 우리의 소망을 굳게 하고 주님 오실 때까지 거룩한 삶에 최선을 다하려고 결심해야 한다.

청중의 상황을 고려하라

설교자는 본문에 매여 있어야 합니다. 설교자는 자신의 요구가 아니라 본문이 행하고자 하는 것을 요구해야 합니다. 그런가 하면 설교자에게 허락된 자유의 영역도 있습니다. 설교자는 청중의 상황을 고려하여 청중에게 무엇을 요구할 것인지 어느 정도 조정할 수 있습니다. 싱클레어 퍼거슨Sinclair Ferguson은 목회자의 본질적 사명에 근거하여 이 자유를 옹호합니다.

[설교주제를 찾는 작업에는] 영적인 민감성을 발휘해야 할 행위가 있다. 설교자는 기독교 신앙에 관한 풍부한 교리들을 정확히 상술해야 할 의무를 지닌 조직신학자가 아니다. 그는 하나님의 양무리를 먹이

고 돌보는 것을 주된 의무로 받은 설교자다. 그러므로 교인들의 상태가 설교 자료를 선정하는 데 주된 역할을 한다. 그리스도인의 나그네 길에 비추어 볼 때 교인들이 어떤 상태에 있는가? 그들이 어떤 상황에 처해 있고, 무엇이 필요하고, 무엇이 부족하고, 무슨 압박을 받고 있고, 어떤 성격을 드러내고 있는가?[19]

설교주제는 본문 중심적이어야 할 뿐 아니라 청중 지향적이어야 합니다. 청중이 살아가는 현실이 반영되지 않은 설교주제는 공허합니다. 설교자는 청중의 필요와 상황을 헤아려 그들에게 적절한 순종을 요구해야 합니다.

디도서 1:5-9로 청중의 상황에 따라 설교자가 어떻게 각기 다른 순종을 요구할 수 있는지 구체적으로 살펴보겠습니다.

> 5 내가 너를 그레데에 남겨 둔 이유는 남은 일을 정리하고 내가 명한 대로 각 성에 장로들을 세우게 하려 함이니 6 책망할 것이 없고 한 아내의 남편이며 방탕하다는 비난을 받거나 불순종하는 일이 없는 믿는 자녀를 둔 자라야 할지라. 7 감독은 하나님의 청지기로서 책망할 것이 없고 제 고집대로 하지 아니하며 급히 분내지 아니하며 술을 즐기지 아니하며 구타하지 아니하며 더러운 이득을 탐하지 아니하며 8 오직 나그네를 대접하며 선행을 좋아하며 신중하며 의로우며 거룩하며 절제하며 9 미쁜 말씀의 가르침을 그대로 지켜야 하리니 이는 능히 바른 교훈으로 권면하고 거슬러 말하는 자들을 책망하게 하려 함이라.

이 본문은 장로의 자격에 대해 말하고 있습니다. 중심 질문은 '장로의 자격은 무엇인가?'입니다. 이에 따라 본문주제는 '장로는 가정의 일에 책망할 것이 없고6절, 책망할 것이 없는 성품이 있고7-8절, 말씀의 가르침에 헌신해야 한다9절'로 정리할 수 있습니다. 교회 내 직분자 자격을 말하는 원리인 셈입니다.

그렇다면 본문에서 끌어낸 이 원리로 청중에게 어떤 순종을 요구할 수 있을까요? 직분자 선거를 앞두고 있을 때여야 이 본문으로 설교할 수 있을까요? 그런 것은 아닙니다. 설교자는 청중이 처한 상황에 따라 다른 반응을 요구할 수 있습니다. 이해를 돕기 위해 청중이 처한 상황을 세 가지로 가정하고, 설교자가 청중에게 요구할 수 있는 각기 다른 반응을 언급해 보겠습니다.

첫째, 직분자 투표를 앞둔 경우입니다. 너무나 분명한 경우입니다. 이때 설교자는 청중에게 '자격있는 자를 직분자로 세워야 한다'고 할 수 있습니다.

둘째, 평소대로 주일예배를 드리는 경우입니다. 설교자는 교인들을 향해 '직분자 자격이 있는 자로 준비되어야 한다'고 할 수 있습니다.

셋째, 노회나 목회자의 모임에서 설교하는 경우입니다. 설교자는 '목회를 통해, 교인들을 직분자 자격이 있는 자들로 변화시켜야 한다'고 할 수 있습니다.

이렇듯 설교자에게는 상황에 따라 청중에게 각기 다른 반응을 요구할 수 있는 자유가 있습니다. 같은 본문에서 다양한 설교가 나올 수 있는 이유가 여기에 있습니다. 같은 본문주제라도 상황이 달라지면 청중에게 요구해야 할 반응이 달라집니다. 본문주제는 하나지만 설교주제는 여럿일 수 있습니다. 물론 설교자에게 무한한 자유가 허락된 것은 아닙니다. 이 자유도 본문이 정해주는 한계가 있습니다. 그러나 그 한계 안에서 설교자는 목회적인 감수성을 가지고 이 자유를 충분히 누리려 애써야 합니다. 그럴 때 비로소 설교자는 목회자가 되며, 청중은 자신의 상황에 맞는 하나님의 말씀을 듣게 됩니다.

『웨스트민스터 대교리문답』 155문은 하나님의 말씀이 설교를 통해 어떤 반응을 불러일으켜야 하는지 다음과 같이 설명합니다.

> 하나님의 성령께서는 말씀을 읽는 것, 특별히 말씀을 설교하는 것을 효과적인 수단으로 사용하셔서 죄인을 이해시키시고 깨닫게 하시고 겸손하게 하시며, 죄인들을 그들 자신에게서 끌어내어 그리스도께로 이끄십니다. 또 죄인들이 그리스도의 형상을 따르게 하시고, 그리스도의 뜻에 복종하게 하시고, 유혹과 부패에 맞설 수 있도록 그들을 강하게 하시고, 은혜 안에서 세우시고, 구원에 이르는 믿음으로 죄인들의 마음을 거룩함과 위로로 굳게 세우셔서, 말씀이 구원을 위해 효과적으로 사용되게 하십니다.

성령 하나님은 설교를 통해 죄인들에게 합당한 반응을 일으키셔서 끝내 그들을 구원에 이르게 하십니다. 우리 설교가 청중을 변화시켜 그리스도께로 이끄는 효과적인 도구가 되기를 바랍니다.

11 어떻게 설교주제를 청중에게 달라붙도록[20] 만듭니까?

근육통이 있거나 타박상을 입었을 때, 붙이는 파스를 사용해 본 경험이 있을 것입니다. 파스는 통증 부위에 달라붙어서 효력을 발휘합니다. 설교도 파스처럼 달라붙을 수 있습니다. 아니, 달라붙어야 합니다. 설교가 끝남과 동시에, 그 누구도 기억하지 못하는 설교를 해서는 안 됩니다. 한 주간 청중에게 달라붙어 내내 영향을 미친다면 그 설교는 좋은 설교입니다. 평생 달라붙을 수 있는 설교가 있다면 그 설교는 실로 위대한 설교입니다! 그러면 어떻게 해야 설교가 청중에게 착 달라붙게 만들 수 있을까요?

설교주제를 삶의 문제와 관련시키라
대부분의 청중은 자기에게 일어나는 문제에 대한 해답을 설교를 통해 얻고 싶어 합니다. 어떻게 하나님과 올바른 관계를 유지할 수 있을까? 지금 겪고 있는 고난에 의미가 있을까? 어떻게 이 죄를 이길 수 있을까? 어떻게 두려움과 염려에서 헤어날 수 있을까? 어떻게 죽음을 준비할 수 있을까? 청중은 삶 속에서 생긴 수많은 질문과 문제를 안고 설교자에게 옵니다. 그래서 해돈 로빈슨은 설교의 목적은 청중의 문제를 다루는 것에 있다고 주장합니다. "설교자들은 청중에게 중요한 문제를 제시하면서 설교를 시작한다. 청중에게 그저 성경을 가르치는 것만이 목적은 아니다. 성경에 근거해 그들 자신의 실상에 대해 말하는 것이다."[21] 설교주제는 청중이 해결하기 원하는 문제와 깊이 관련되어야 합니다. 그렇게 해야 청중이 설교에 관심을 갖습니다.

설교주제를 삶의 문제와 관련시키는 것이 그저 청중의 관심을 끌기 위한 실용적인 차원의 노력만은 아닙니다. 복음 자체가 인간 실존의 문제를 다루고 있습니다. 브라이언 채플 Bryan Chapell 은 "타락한 상태에 초점 두기 FCF: Fallen Condition Focus"라는 용어를 만들어 내며, 복음을 제대로 선포하려면 타락의 영향으로 생긴 인간의 문제에 초점을 두어야 한다고 제안합니다.[22] 폴 스콧 윌슨 Paul Scott Wilson 도 문제에서 은혜로 진행하는 움직임을 "복음에 내재하는 심층구조"로 이해합니다.[23] 윌슨은 설교의 표면적인 구조와 상관없이 모든 설교는 심층적으로 문제에서 은혜로 진행하는 이 움직임을 반영해야 한다고 주장합니다. 팀 켈러도 비슷한 말을 합니다. 그는 모든 설교 기저에는 "복음 패턴"이 존재해야 하는데, 그 복음 패턴은 인간의 문제에서 예수님의 해결로 이동하는 움직임이어야 한다고 말합니다.[24] 사람마다 부르는 명칭은 다르지만, 설교 내에 존재해야 하는 움직임은 비슷합니다.

곤경 → 은혜
문제 → 해결
필요 → 충족
질문 → 대답
갈등 → 해소

만일 설교주제가 어떤 갈등이나 문제를 포함하지 않는다면 어떻게 할까요? 유진 라우리Eugene Lowry가 말하듯이, 설교주제의 표면 아래를 뒤져서라도 문제를 찾아내야 합니다.

> 모든 분명한 주제는 암시된 주제를 전제한다. 모든 분명한 문제에는 암시된 주제가 있다고 추정할 수 있다. 만약 암시된 주제가 없으면 설교가 존재할 수 없다! 이 요소들 사이의 상호 작용으로 생기는 긴장 속에서 설교는 태어난다.[25]

예를 들어, 설교주제가 '참된 만족 되시는 예수님을 추구하자'라고 해보겠습니다. 이 설교주제는 어떤 문제나 갈등도 언급하지 않는 것처럼 보입니다. 그러나 이 주제의 표면 아래에는 분명 암시된 문제가 존재합니다. 그것은 인간은 참된 만족이 무엇인지 모른다는 점입니다. 만족을 모르는 인간은 물질, 성취, 인간관계 등 다른 것들을 추구하고 거기서 만족을 누리려고 합니다. 탐심과 허무, 이 모든 것은 바로 이 문제에서 비롯됩니다. 이처럼 설교주제는 그것이 겉으로 드러나든 암시되든 반드시 어떤 문제를 포함합니다. 설교자가 그 문제를 찾아내서 청중에게 보여주고 설교주제와 연결해서 해답을 제시해주면, 그 설교는 청중에게 착 달라붙을 것입니다.

설교주제를 이미지와 연결하라
우리는 텔레비전, 영화, 유튜브 등 수많은 이미지에 파묻혀 살아갑니다. 현대인들에게는 이미지가 강력한 커뮤니케이션 수단입니다. 그렇다고 해서 이미지의 위력을 지금 우리만 알고 있다고 생각하면 오산입니다.

성경 저자들도 성경 속에 이미지를 담았습니다. 시편 기자는 하나님을 목자로, 반석으로, 요새로 제시했습니다. 에스겔은 마른 뼈로 가득한 골짜기에서 당시 이스라엘 백성의 상황을 볼 수 있었습니다. 예수님은 비유를 즐겨 사용하셨습니다. 바울도 교회를 몸으로, 가족으로, 그리스도의 신부로, 복음 위에 세워진 건축물로 묘사했습니다. 성경 저자들이 사용한 이미지에 관해 설명하려고 하면 이 책의 지면이 부족할 것입니다. 성경 저자들은 진리를 효과적으로 전달하기 위해 이미지를 즐겨 사용했습니다. 이 같은 사실은 설교자에게 시사하는 바가 큽니다. 설교자 역시 이미지로 보여줄 수 있어야 합니다.

그렇다고 설교 한 편에 이미지를 가능한 한 많이 욱여넣으라는 말은 아닙니다. 설교에 너무 많은 이미지가 사용되면 오히려 산만해지기 쉽습니다. 여러 가지 이미지를 나열하는 것보다 설교주제와 관련된 하나의 이미지를 찾아 거기에 초점을 두는 편이 좋습니다. 그 이미지는 설교 전체의 주된 이미지가 되고, 청중은 그 이미지를 통해 설교주제를 더욱 잘 이해하고, 수용하고, 기억하게 될 것입니다.

주된 이미지를 어떻게 찾을 수 있을까요? 설교주제와 관련된 이미지는 우선 본문에서 얻을 수 있습니다. 앞서 언급한 것처럼, 성경은 이미지로 가득 차 있습니다. 우리를 둘러싸고 있는 이 세상도 그 자체로 이미지의 출처가 됩니다. 자연, 뉴스, 영화, 문학, 과학, 역사, 정치, 음식, 텔레비전 프로그램 등 다양한 곳에서 이미지를 찾아낼 수 있습니다.

워렌 위어스비 Warren Wiersbe 는 "설명 없는 그림은 가르치는 기능을 상실한 것이고, 그림 없는 설명도 역시 사람들이 잘 들으려 하지 않고, 잘 이해할 수 없고, 그 뜻을 따르지 않으려 한다"고 말합니다.[26] 설명과 그림이 모두 필요합니다. 설교주제를 이미지와 짝지어 전달할 수 있다면 그 설교주제는 청중에게 착 달라붙을 것입니다.

설교주제를 간결한 문장으로 다듬어라

커뮤니케이션 전문가인 칩 히스Chip Heath 와 댄 히스Dan Heath 는 메시지의 핵심이 간결함과 결합할 때 사람들의 뇌리에 박혀 그들에게 영향을 미치는 "스티커 메시지"가 될 수 있다고 주장합니다.[27]

스티커 메시지 = 메시지의 핵심 + 간결함

설교주제는 설교자가 전하는 메시지의 핵심입니다. 스티커 메시지 이론에 따르면, 설교주제는 더 간결하게 다듬을수록 청중에게 더 끈끈하게 달라붙을 수 있습니다. 두 문장보다는 한 문장이 낫고, 열 단어보다는 다섯 단어가 더 낫습니다. "우리는 다른 사람을 용서해야 한다. 왜냐하면 하나님이 우리를 용서해 주셨기 때문이다"보다는 "하나님의 용서를 받은 우리는 다른 사람을 용서해야 한다"가 낫습니다. 그렇지만 "용서받았으므로 용서해 주어야 한다"가 더 낫습니다. "받았으니 주어야 한다"도 좋습니다. 가능한 한 짧고 간결한 문장으로 다듬어야 합니다.

설교주제가 광고 문구나 격언 같은 형태면 더 좋습니다. '침대는 가구가 아니라 과학입니다', '콩 심은 데 콩 나고 팥 심은 데 팥 난다' 같은 문장입니다. 설교주제를 간결하고 짜임새 있게 다듬으십시오. 그리고 설교하면서 기회 있는 대로 이 문장을 반복하십시오. 시간이 지남에 따라 다른 설교 내용이 희미해지더라도 이 한 문장만은 청중의 마음과 기억에 오래 남도록 말입니다.

브라이언 채플은 간결한 설교주제를 확보하기 위해서 '새벽 3시 테스트'를 제안합니다.[28] 새벽 시간 깊이 잠들어 있는데 누군가 당신을 깨우며 묻습니다. "당신의 설교주제가 무엇입니까?" 이 질문에 우물쭈물했다면 설교주제를 더 다듬어야 합니다. 설교자 자신에게조차 붙어 있지 못하는 설교주제가 어떻게 청중에게 달라붙을 수 있겠습니까? 명심하십시오. 설교주제는 간결하게 다듬어야 착 달라붙습니다.

# 3장 · 설교구조

―

누구든지 나의 이 말을 듣고 행하는 자는
그 집을 반석 위에 지은 지혜로운 사람 같으리니
비가 내리고 창수가 나고 바람이 불어 그 집에 부딪치되
무너지지 아니하나니
이는 주추를 반석 위에 놓은 까닭이요
나의 이 말을 듣고 행하지 아니하는 자는
그 집을 모래 위에 지은 어리석은 사람 같으리니
비가 내리고 창수가 나고 바람이 불어 그 집에 부딪치매
무너져 그 무너짐이 심하니라.

―

마태복음 7:24-27

12   설교에 구조가 필요합니까?

'무엇을 전할 것인가'라는 임무를 무시하는 설교자는 없습니다. 설교자는 설교 준비를 위해 성경을 연구하고 주석서를 비롯해 많은 참고 도서를 읽습니다. 모두 설교할 내용을 얻기 위해서입니다. 지금까지 우리가 살펴본 본문주제와 설교주제를 찾는 과정은 모두 이 임무, 곧 '무엇을 전할 것인가'와 관련되어 있습니다. 설교자들은 설교 내용을 얻기 위해 수고를 마다하지 않지요. 그렇다면 '어떻게 전할 것인가'는 어떤가요? 설교의 구조나 형식에 관해서는 얼마나 관심을 기울이고 있습니까?

시시한 주제인 설교구조

종종 설교구조를 가볍게 생각하는 설교자들이 있습니다. 심지어 어떤 설교자들은 설교구조에 관심을 가지는 것은 하나님의 말씀을 전하는 임무와 어울리지 않거나 세속적이라고까지 생각합니다. 프레드 크래독 Fred Craddock 은 이런 설교자들의 마음을 다음과 같이 표현합니다.

> 많은 이들에게 '어떻게'는 꺼림칙한 말이고 당혹스러움의 원인이다. '어떻게'라는 단어는 선지자나 철학자가 아니라 정비공이나 목수에게서나 발견된다고 생각한다. 결국 '어떻게'는 궁극적인 실재에 관한 탐구보다는 운전 연습 같은 것에 더 적절한 방법과 기술로 인도하지 않는가? 도대체 '기술'이 하나님 나라와 무슨 상관이란 말인가?[1]

내용이 중요하지 방법은 별로 중요하지 않다고 주장하는 설교자를 만나본 적은 없습니까? 혹시 여러분도 이렇게 생각하고 있지는 않습니까? 그렇지만 '어떻게' 또는 '기술'과 같은 이 시시한 주제가 우리의 발목을 잡습니다. 말하는 내용 때문이 아니라 말하는 방법 때문에 실패하는 설교자들이 얼마나 많은지 모릅니다. 충실한 내용으로 가득 찬 설교가 효과적인 구조가 없어서 청중에게 전달되지 못하고 허공으로 사라져 버립니다. 정말 안타까운 일입니다. 철학자 죄렌 키에르케고르 Søren Kierkegaard 는 진리는 민첩한 발을 갖고 있지 못하다고 말했습니다. 진리에 민첩한 발을 달아 주는 것은 설교자의 임무입니다.

설교의 뼈대인 설교구조

학교, 주택, 아파트 등 모든 건축물에는 뼈대가 있습니다. 뼈대가 있어야 설 수 있고 뼈대가 있어야 무너지지 않습니다. 건축물에 뼈대가 있는 것처럼 설교에도 뼈대가 있습니다. 설교구조가 바로 설교의 뼈대입니다. 뼈대 없는 건축물이 없는 것처럼 구조 없는 설교는 없습니다. 그래디 데이비스는 설교구조에 대해 다음과 같이 말합니다.

> 혼란스러운 사고와 정리된 사고의 차이는 형식이 있느냐 없느냐의 차이가 아니다. 오히려 혼란스러운 형식과 정돈된 형식의 차이다.······ 단 하나의 문제는 그 형식이 어떤 형식이냐 하는 것이다.[2]

문제는 구조가 있느냐 없느냐가 아니라, 그 구조가 메시지를 힘 있게 만드느냐 메시지에 짐이 되느냐입니다. 효과적인 설교구조는 풍파

에도 끄떡없는 견고한 성처럼 설교를 튼튼하게 세우지만, 그렇지 못한 설교구조는 설교를 모래성처럼 만들어 금방 허물어지게 합니다. 견고한 성이냐 모래성이냐는 설교구조에 달렸습니다. 견고한 성을 세우려는 설교자에게는 효과적인 구조를 만들어 내기 위한 자기 나름의 계획이 필요합니다.

질서 있는 설교구조

단순하게 말하면, 설교구조는 설교자가 전하려는 내용을 배열하는 것과 관련되어 있습니다. 설교자는 무엇이 처음에 오고, 무엇이 그다음에 오고, 무엇이 마지막에 올 것인지를 숙고해서 결정해야 합니다. 아무렇게 순서를 정하고 생각 없이 배열해서는 안 됩니다. 배열에는 질서가 있어야 합니다. 그렇다면 질서 있는 설교 배열이 필요한 이유는 무엇일까요? 한 설교자는 그 대답을 하나님의 본성에서 찾습니다.

> 하나님은 질서의 하나님이시기 때문이다. 하나님은 만물을 한번에 다 창조하지 않으시고 질서 있게 창조하셨다. 각기 종류대로 모으시고 같은 날에 같은 종류들을 지으셨다. 자신을 계시하실 때도 단계별로 하셨다. 하나님은 자신에 관한 계시의 면류관인 주 예수 그리스도를 주시기 전에 모든 것이 완전하게 예비되도록 하셨다. 질서의 하나님은 그분의 모든 일도 질서 있게 행하신다.[3]

하나님은 창조도, 계시도 모두 질서 있게 하셨습니다. 하나님이 질서의 하나님이시기 때문입니다. 그런 점에서 설교에도 질서가 필요한 것은 어찌 보면 당연합니다. 그러나 설교에 질서가 필요한 이유가 하나님 때문만은 아닙니다. 하나님의 피조물인 인간도 질서의 하나님을 닮아 질서를 추구합니다. 청중은 혼돈과 무질서를 참지 못합니다. 진리가 질서 있는 방식으로 제시될 때, 청중은 더 쉽게 이해하고, 수용하고, 도움을 받습니다. 그러므로 설교자는 질서의 하나님을, 질서를 추구하는 청중에게, 질서 있는 방식으로 나타내 보여야 합니다. 로이드 존스는 설교를 "불붙은 논리"라고 정의합니다.[4] 그냥 불이 아닙니다. 불붙은 '논리'입니다. 논리는 질서 있는 배열, 곧 효과적인 설교구조에서 비롯됩니다.

중요한 주제인 설교구조

설교자의 임무는 '무엇을 전할 것인가'로 끝나지 않습니다. '어떻게 전할 것인가'도 설교자의 임무입니다. 앤디 스탠리 Andy Stanley가 전하는 위트 넘치는 말을 들어 보십시오.

> 우리는 종종 사람들의 마음을 사로잡기 위해 무언가 새로운 내용이 필요하다고 생각한다. 그것은 옳지 않다. 새로운 전달 방법이 필요하다. 솔직히 말해 십계명을 가지고 산에서 내려온 사람은 항상 모세다. 골리앗을 죽인 사람은 언제나 다윗이다. 다니엘은 한 번도 사자 밥이 된 적이 없다. 세례 요한은 결코 헤롯의 칼을 피할 수 없다. 예수님은 말구유에서 나셨다. 이야기 자체는 변하지 않는다. 변하는 부분은 우리의 프레젠테이션이다. 두 사람의 설교자가 같은 이야기를 전하고서도 전혀 다른 결과를 맺을 수 있다. 모든 것은 프레젠테이션에 달려 있다.[5]

설교자가 창의성을 발휘할 수 있는 영역은 내용이 아니라 프레젠테이션, 바로 구조입니다. 이렇게 본다면, 설교의 차이는 내용이 아니라 구조에서 비롯된다고 해도 그렇게 틀린 말은 아닙니다. 좋은 설교구조에서 좋은 설교가 나옵니다. '무엇을 전할 것인가'만이 아니라 '어떻게 전할 것인가'도 설교자의 임무입니다. 이 임무를 완수하기 위해 땀 흘리고 수고하는 설교자의 설교는 마침내 불붙은 논리가 될 것입니다.

13   어느 설교에나 맞는 만능 설교구조가 있습니까?

'어떻게 전할 것인가'라는 설교자의 임무를 완수하는 것은 생각보다 쉽지 않습니다. 정답이 정해져 있지 않기 때문에 더 막막할 수 있습니다. 여러분은 설교구조에 대한 문제로 씨름하다가 어느 설교에나 딱 들어맞는 설교구조가 있었으면 좋겠다는 상상을 해 본 적은 있습니까? 어느 문이나 다 열 수 있는 만능열쇠처럼 어느 설교에나 사용할 수 있는 만능 설교구조 말입니다.

삼대지 설교

삼대지 설교를 만능 설교구조로 생각하는 사람들이 있습니다. 삼대지 만능론은 어제오늘 생겨난 견해가 아니지요. 지금까지 많은 설교자들이 삼대지 설교를 본보기로 추앙하며 애용해 왔습니다. 오래 전 한 설교자는 삼대지 설교를 "삼위일체에 대한 존경"이라고까지 말했습니다.[6] 굳이 삼위일체까지 거론할 필요 없이, 삼대지 설교에는 큰 장점이 있습니다. 먼저, 삼대지 설교는 설교구조에 대한 설교자의 부담을 크게 덜어 줍니다. 설교요점을 몇 개로 구성해야 할지 고민할 필요가 없습니다. 무조건 세 개입니다. 또한 삼대지 설교는 청중 편에서 명쾌하게 들릴 수 있습니다. 설교자가 '첫째', '둘째', '셋째'를 말한다면 청중은 설교요점이 무엇인지 분명히 인식할 수 있습니다. 그뿐 아니라 3이라는 숫자는 묘한 매력이 있습니다. 2대지는 약간 부족한 느낌이고 4대지는 약간 넘치는 느낌입니다. 3대지가 적절합니다.

그러나 얼마 전부터 삼대지 설교를 향한 비판이 만만치 않습니다. 특히 성경의 문학적 측면에 대한 관심이 커지면서 삼대지 설교를 비판하는 목소리가 힘을 얻고 있습니다. 성경 저자들은 다양한 문학적 형식을 사용합니다. 성경에 나타난 문학적 형식을 몇 가지로 분류하느냐는 이견이 있을 수 있지만, 성경이 여러 가지 문학적 형식을 취한다는 것은 이제 상식입니다. 성경에는 내러티브, 율법, 시가서, 선지서, 지혜 문학, 복음서, 비유, 사도행전, 서신서, 묵시 등 다양한 문학적 형식이 있습니다. 또한 같은 형식 안에서도 본문에 따라 매우 다양한 구조가 존재합니다. 그런데 삼대지 설교는 본문에 나타난 이 다양한 형식과 구조를 '삼대지'로 획일화하는 경향이 있습니다. 이에 따라 삼대지 설교가 다차원적인 본문을 일차원적으로 강등시키는 것이 아닌가 하는 우려 섞인 비판이 이는 것입니다.

삼대지 설교에 대한 또 다른 비판은 청중을 지루하게 만든다는 것입니다. '첫째', '둘째', '셋째'로 진행되는 획일화된 설교만으로는 매주 예배에 참여하는 청중에게 더는 기대감을 주지 못합니다. 그래서 해돈 로빈슨은 이렇게 주장합니다.

그 방법[삼대지 설교]은 존경할만한 과거를 지녔지만, 영원한 것은 아니다. 천사들이 이 땅으로 가지고 내려온 것도 아니다. 성경이 기독교 설교가 취해야만 하는 단 한 가지 형식을 제시하지도 않는다. 오히려 성경의 저자들은 무수히 다양한 방법을 사용했다. 그들은 이야기와 비유를 말했고, 시를 짓고 환상을 기록했으며, 역사를 보고하고 편지를 썼다. 그들의 문화로부터 온갖 형식을 빌려와 그들이 말해야 할 바를 소통했다. 하나님께 '다른 형식 불허'라는 승인 도장을 받은 설교 형식은 없다. 하나님의 진리를 소통하는 방법은 많다. 이 사실을 인정하기를 꺼리는 설교자는 그 누구든 지루하게 설교할 것이 분명하다.[7]

어떤 본문을 택하든지 삼대지만 뽑아내서는 안 됩니다. 매주 삼대지 설교만 해서도 안 됩니다. 삼대지 설교를 만능으로 생각했다가는 본문도 잃고 청중도 잃습니다. 최근에는 삼대지 설교에도 새바람이 불고 있습니다. 삼대지라는 근본적인 틀은 유지하면서도 다양한 변화를 시도하고 있습니다.[8] 삼대지 설교는 '어떻게 전할 것인가'를 고민하는 설교자에게 여전히 우군입니다. 그렇지만 설교자가 삼대지 설교'만' 해서는 안 됩니다. 설교자는 삼대지 설교'도' 할 수 있어야 합니다.

본문의 구조를 따르는 설교구조

성경 본문의 형식과 구조를 등한시하는 설교에 대한 반발 때문일까요? 어떤 이들은 본문의 문학적 형식과 구조가 설교의 구조를 결정해야 한다고 주장하기도 합니다. 그들에게는 본문의 형식과 구조가 만능 설교 구조가 되는 셈입니다. 이때 설교자는 고민 없이 본문의 형식과 구조를 그대로 따르기만 하면 됩니다. 물론 설교구조가 본문의 구조를 그대로 따를 때 장점이 있습니다. 설교자는 자신의 설교에 더 큰 확신을 가질 수 있습니다. 설교의 내용뿐 아니라 설교의 구조도 성경 저자에게서 왔기 때문이지요. 본문의 구조를 따르는 설교가 청중에게도 이로운 면이 있습니다. 설교가 그 순서를 반영하면 청중이 본문 구조를 알고 있기 때문에 설교를 쉽게 따라갈 수 있겠지요.

　그러면 설교구조는 본문의 형식과 구조를 그대로 따르기만 하면 된다는 주장은 완전무결할까요? 안타깝게도 그렇지는 않습니다. 설교는 설교가 가져야 할 구조가 있습니다. 내러티브 본문에서는 내러티브 구조의 설교를 하면 된다고 가정해 봅시다. 그러면 본문이 미리암의 찬양이나 시편의 노래나 마리아의 찬가일 때는 어떻게 할까요? 본문이 기도를 담고 있을 때는 또 어떤가요? 본문이 찬양이라고 설교 시간에 찬양만 할 수는 없고, 본문이 기도라고 기도만하고 설교단에서 내려올 수도 없습니다. 그것은 찬양이고 기도이지 설교가 아닙니다. 설교는 설교가 가져야 할 구조가 있습니다. 그래서 시드니 그레이다누스는 "설교의 형태는 설교 본문의 형태를 고쳐서 새로운 모양을 만들어 낸다. 이러한 새로운 형태는 설교자가 설교에서 그 본문을 그대로 반복하지 않는 이상 불가피하다"고 말합니다.[9] 성경의 모든 문학적 형식을 그대로 설교 구조로 옮길 수는 없습니다.

　본문 구조를 그대로 따르는 것이 오히려 설교에 역효과를 가져오는 경우도 있습니다. 각 본문은 책의 전체 맥락에서 볼 때 분명 최적의 구조를 지니고 있습니다. 저자는 책의 전체 맥락 안에서 각 본문을 기록했습니다. 그런데 문제는 설교자가 설교 한 편에서 다루는 본문이 그 책 전체가 아니라 일부라는 점입니다. 전체 맥락을 다루는 것이 아니라면 한 본문의 구조를 엄격하게 따르는 것은 본문의 의미를 전달하는 데 오히려 지장을 줄 수 있습니다. 예를 들어, 욥기에는 욥의 고난에 대한 세 친구의 변론이 길게 나옵니다. 그런데 이 세 친구의 진술은 욥기 결론부에 나타나는 교훈 42:7-9에 비추어 이해해야 합니다. 이런 경우 설교자는 저자가 의미하는 바를 제대로 전달하기 위해 저자가 마지막에 말한 내용을 설교 앞부분에서 먼저 진술하는 것이 좋습니다.

또한 본문의 구조는 일차적으로 원독자에게 적합하다는 것을 잊지 말아야 합니다. 성경 저자는 지금 우리가 아니라 당시 사람들에게 적합한 구조를 사용하였습니다. 예를 들어, 성경에는 히브리어 알파벳 순서를 따라 시작하는 시들이 있습니다. 첫째 행이 '알레프(א)'로 시작하고, 둘째 행은 '베트(ב),' 그리고 셋째 행은 '달레트(ג)'로 시작하는 식입니다. 시편 25, 34, 111, 112, 119, 145편이 그렇습니다. 르무엘 왕의 어머니가 왕을 훈계한 잠언 31:10-31 도 알파벳 순서를 따랐습니다. 예레미야 애가에도 알파벳 순서를 따른 본문이 있습니다. 히브리어가 모국어였던 그들에게는 히브리어 알파벳 순서를 따른 본문 구조가 읽기 쉽고 기억하기 편했겠지요. 그러나 오늘날 청중에게는 이 구조가 큰 의미가 없습니다. 본문의 구조를 그대로 따르는 것만이 능사는 아닌 것입니다.

만능 설교구조는 없다

우리의 기대와 달리 만능 설교구조는 없습니다. 오랜 세월을 견디며 살아남은 삼대지 설교나 성경 본문에 나타나는 구조가 설교구조를 고민하는 설교자에게 도움이 될 수 있습니다. 그러나 설교자는 삼대지 설교만 추종해서도 안 되고, 본문의 형식과 구조를 그대로 모방하는 것으로 만족해서도 안 됩니다. 설교자는 최적의 설교구조를 '만들어' 내어야 합니다. 로이드 존스의 말을 들어보겠습니다.

성경에서 발견한 모든 재료를 이러한 특정 형식 속에 담아내는 것이

지극히 어렵게 느껴질 때도 가끔은 있을 것입니다. 그것은 흙으로 도자기를 빚거나 대장장이가 말발굽을 만드는 것과 같은 작업입니다. 재료를 불 속에 넣었다가 모루 위에 올려놓고 거듭거듭 망치질을 해야 합니다. 망치질을 할 때마다 조금씩 나아지기는 하지만 금방 모양이 바로잡히는 것은 아닙니다. 그러므로 자신이 만족할 때까지, 또는 더 이상 잘할 수 없을 때까지 자꾸자꾸 그 일로 되돌아가야 합니다. 그것이 설교문을 준비할 때 가장 힘겨운 부분인 동시에 가장 매력적이고 영광스러운 임무이기도 합니다. 그것은 때로 아주 어렵고 지치는 일이며 대단한 노력을 요구하는 일입니다. 그러나 확언하건대, 마침내 그 일에 성공했을 때는 지상에서 사람이 맛볼 수 있는 가장 영광스러운 느낌을 경험할 것입니다.[10]

최적의 설교구조를 만드는 것, 쉽게 할 수 있는 일은 결코 아닙니다. 대장장이가 무수히 많은 망치질을 통해 말발굽을 만드는 것처럼, 설교자는 더 나은 설교구조를 만들어 내기 위해 수고해야 합니다. 수고하는 만큼 이 임무를 성공적으로 마칠 수 있을 것입니다. 거기에 더해 하나님이 베푸시는 영광도 경험할 수 있을 것입니다. 이것은 그 누구도 아닌 설교자만이 누릴 수 있는 기쁨입니다.

14   설교구조를 손쉽게 만드는 방법이 있습니까?

예술이나 스포츠에서 기본기가 중요하다는 말을 자주 듣습니다. 기본기를 익히지 않고는 고수가 될 수 없습니다. 설교구조도 마찬가지입니다. 설교구조를 만드는 데도 기본기가 있습니다. 물론 설교구조는 창의성의 영역이기도 합니다. 설교구조에 관해서는 마음껏 창의성을 발휘할 수 있습니다. 하지만 초보 설교자에게는 득보다 실이 많은 선택입니다. 자유분방하고 예술적인 설교구조는 기본기를 통달하고 나서 도전해도 늦지 않습니다.

본문개요에 기초해 설교개요 만들기
설교구조의 기본기는 본문개요에 기초해 설교구조를 만드는 것입니다. 본문개요는 본문의 설계도입니다. 본문개요는 본문의 강조점과 논리적 순서를 보여줍니다. 설교자가 본문의 설계도를 모방하지 않을 이유가 없습니다. 창조보다 모방이 쉬운 것은 당연합니다. 더욱이 설교구조가 본문 자체의 강조점과 그 순서를 따를 수 있게 한다는 점에서 본문을 존중하는 방법이기도 합니다.

　본문개요는 이미 확보했습니다. 본문주제가 적합한지 확인하기 위해 본문개요를 활용했습니다.^{질문 08 참조} 앞서 예로 들었던 요한1서 2:15-17의 본문개요에 근거해 설교개요를 만들어 보겠습니다.

세상을 사랑하지 말라. 15a절

왜냐하면 누구든지 하나님과 세상을 동시에 사랑할 수 없기 때문이다. 15b절

[이유] 세상에 있는 모든 것이 하나님께로 온 것이 아니고
 └▶ [설명] 육신의 정욕과 안목의 정욕과 이생의 자랑

세상으로부터 왔다. 16절

왜냐하면 세상은 영원하지 않기 때문이다. 17a절

[대조] 하나님의 뜻을 행하는 자가 영원하다. 17b절

이 본문개요를 근거로 두 개의 요점으로 이루어진 설교개요를 만들 수 있습니다. 본문의 강조점과 논리적 순서가 그대로 설교의 강조점과 논리적 순서로 전환됩니다.

우리는 세상을 사랑하지 말아야 한다. 그 이유가 무엇인가?
1. 누구든지 하나님과 세상을 동시에 사랑할 수 없기 때문이다.
2. 세상은 영원하지 않기 때문이다.

에베소서 6:1-3의 본문개요로 예를 하나 더 들어보겠습니다.

부모에게 순종하라. 1a, 2a절

왜냐하면 옳기 때문이다. 1b절

왜냐하면 약속이 있기 때문이다. 2b절
 └▶ [설명] 잘 되고 땅에서 장수한다. 3절

이 본문개요를 설교개요로 바꾸면 다음과 같습니다. 여기서도 설교개요가 본문개요의 강조점과 순서를 그대로 반영합니다.

부모에게 순종해야 한다. 그 이유가 무엇인가?
1. 부모에게 순종하는 것은 옳기 때문이다.
2. 부모에게 순종하는 것은 약속이 있기 때문이다.

설교개요에서는 설교주제가 기준

본문개요를 설교개요로 바꾸는 과정에서 잊지 말아야 할 것이 있습니다. 본문개요의 기준은 본문주제입니다. 본문주제를 중심으로 모든 세부 사항이 배열되어 있습니다.질문 08 참조 그러나 설교개요의 기준은 설교주제입니다. 설교개요는 설교주제를 중심으로 정렬해야 합니다.

앞서 예로 들었던 요한1서 2:15-17과 에베소서 6:1-3은 본문주제와 설교주제가 별반 다르지 않습니다. 본문개요와 설교개요도 큰 차이가 없습니다. 그런데 본문에 따라서 본문주제와 설교주제가 다를 때도 있습니다.질문 10 참조 이때는 설교개요로 바꾸는 과정에서 설교주제에 맞추어 요점의 표현을 조정해야 합니다. 설교개요에서는 설교주제가 기준이기 때문입니다. 앞서 다루었던 디도서 1:5-9을 다시 보겠습니다. 본문개요는 다음과 같습니다.

장로의 자격은 무엇인가?
1. 장로는 가정의 일에 책망할 것이 없어야 한다.6절
2. 장로는 책망할 것이 없는 성품이 있어야 한다.7-8절

3. 장로는 말씀의 가르침에 헌신해야 한다.9절

본문주제는 장로의 자격과 관련되어 있고, 본문개요는 당연히 이 본문주제를 따라 정렬했습니다. 본문개요의 각 요점은 모두 본문주제를 반영하고 있습니다. 그러면 이 본문개요를 설교개요로 어떻게 고칠 수 있을까요? 당연히 설교주제를 고려해야 합니다. 설교개요에서는 설교주제가 기준입니다. 설교주제가 "직분자 자격이 있는 자로 준비되어야 한다"라고 해보겠습니다. 그러면 설교주제가 기준이 되도록 각 요점의 표현을 바꿔서 설교개요를 만들어야 합니다.

우리는 어떤 사람으로 준비되어야 하는가?
1. 우리는 가정의 일에 책망할 것이 없는 자가 되어야 한다.
2. 우리는 책망할 것이 없는 성품을 가진 자가 되어야 한다.
3. 우리는 말씀의 가르침에 헌신해야 한다.

직분자 투표를 앞둔 상황이라 설교주제를 "자격 있는 자를 직분자로 세워야 한다"라고 정했다고 해봅시다. 설교주제에 맞추어 요점을 다듬으면 다음과 같은 설교개요가 나옵니다.

우리는 어떤 사람을 직분자로 세워야 하는가?
1. 우리는 가정의 일에 책망할 것이 없는 자를 세워야 한다.
2. 우리는 책망할 것이 없는 성품을 가진 자를 세워야 한다.
3. 우리는 말씀의 가르침에 헌신한 자를 세워야 한다.

설교주제가 빨랫줄이라면 설교의 각 요점은 그 줄 위에 널려 있는 옷이라고 할 수 있습니다. 옷가지들이 빨랫줄을 따라 널려 있는 것처럼 설교의 요점도 설교주제를 따라 그 주제와 관련된 단어와 표현을 사용해야 합니다.[11] 그렇게 할 때 설교주제가 설교개요에서 기준이 될 수 있습니다.

설교자가 완전히 새로운 설교구조를 만드는 것은 아무도 가지 않아 덤불이 우거진 곳을 길을 내면서 가는 것과 다름이 없습니다. 그러나 본문개요에 기초해 설교구조를 만드는 것은 성경 저자들이 이미 닦아 놓은 평탄한 길을 걸어가는 것과 같습니다. 어느 편이 힘이 덜 들지 또 어느 편이 목적지에 빠르고 정확하게 도착할 수 있을지는 분명합니다. 그런 점에서 특히 초보 설교자에게 이 길을 추천합니다. 설교구조는 본문개요를 기초로 만드는 것이 기본입니다. 겸손히 기본기를 잘 익히는 설교자에게 기쁨으로 단을 거두는 기쁨이 있을 것입니다.

15   설교개요는 본문개요의 배열을 그대로 따라야 합니까?

존 스토트는 "설교개요 작성을 위한 황금률은 본문 그 자체가 가진 구조를 존중하는 것이다"라고 말했습니다.[12] 맞는 말입니다. 본문개요를 따라 설교개요를 만드는 것은 본문을 존중하는 길일 뿐 아니라 설교자에게도 쉽고 유익한 길입니다. 그러나 그렇다고 해서 설교개요를 작성할 때 항상 본문개요를 그대로 따라야 하는 것은 아닙니다. 분명한 이유가 있다면 설교자는 얼마든지 본문개요의 배열을 바꾸어 설교개요를 만들 수 있습니다.

설교개요 최고 목적: 설교주제 전달

개요는 메시지를 전달하기 위해 존재합니다. 본문에 개요가 존재하는 이유도 저자가 원독자에게 전하려는 메시지가 있기 때문입니다. 저자는 원독자에게 메시지를 효과적으로 전달하기 위한 방책으로 본문개요를 고안했습니다. 설교개요도 마찬가지입니다. 설교개요는 설교자가 전하려는 메시지, 즉 설교주제를 청중에게 효과적으로 전달해야 합니다. 그러므로 본문개요를 그대로 모방하는 것이 설교주제를 전하는 데 효과적이지 않다고 판단될 때는 굳이 본문개요를 따르지 않아도 됩니다.

본문개요가 설교자가 청중에게 메시지를 전하는 데 오히려 방해가 될 수 있을까요? 그럴 수 있습니다. 본문개요는 앞서 언급했듯이 저자와 원독자의 의사소통을 위해 만들어졌습니다 질문 13 참조. 그러나 설교는 저자와 원독자의 의사소통이 아니라 설교자와 청중의 의사소통입니다. 설교자와 청중의 사이는 저자와 원독자의 사이와 같을 수 없습니다. 설교자와 청중 사이에는 저자와 원독자가 공유했던 배경 지식이 없을 수 있고, 저자와 원독자 사이에 없었던 새로운 쟁점이 떠오를 수도 있습니다. 따라서 본문개요가 저자의 메시지를 원독자에게 전달하는 최선의 방책이었다고 해도 설교에서 최선의 의사소통을 보장할 수는 없습니다. 해돈 로빈슨도 다음과 같이 말합니다.

> 설교개요를 만드는 과정에서 본문 내의 아이디어 배열을 바꾸어야 할 때가 종종 있다. 저자는 설교자의 청중을 염두에 두고 본문을 기록하지 않았다. 저자가 귀납적인 순서를 따를 수 있다. 그러나 설교자는 청중을 생각하며 연역적인 방법을 선택할 수 있다.……설교자가 본문을 전달하는 방식을 융통성 있게 조정하지 못하면, 어떤 본문은 청중에게 제대로 전달되지 않는다.[13]

배열은 목적이 아니라 수단

메시지를 청중에게 효과적으로 전달하기 위해 본문개요의 배열을 바꾸어 설교개요를 만드는 융통성도 발휘할 수 있어야 합니다. 아래는 에베소서 3:15-19의 본문개요와 설교개요입니다.[14]

[본문개요]

1. 바울은 에베소 교인들이 하나님을 알기를 기도한다. 17절
2. 바울은 에베소 교인들이 장차 누릴 소망을 알기를 기도한다. 18절

3. 바울은 에베소 교인들이 하나님의 능력을 알기를 기도한다.19절

[설교개요]

1. 우리는 하나님을 알기 위해 기도해야 한다.17절
2. 우리는 하나님의 능력을 알기 위해 기도해야 한다.19절
3. 우리는 장차 누릴 소망을 알기 위해 기도해야 한다.18절

본문개요를 설교개요로 전환하면서 요점2와 요점3의 순서를 바꾸었습니다. 궁극적인 목표인 '장차 누릴 소망'이 마지막에 오는 것이 논리적으로 훨씬 자연스럽기 때문입니다. 설교주제를 효과적으로 전달할 수 있다면, 본문개요의 배열에 변화를 주어 설교개요를 만들 수 있습니다.

또 다른 예를 보겠습니다. 이동원은 에베소서 2:1-10을 설교하면서 본문의 순서를 따르지 않는 설교개요를 사용했습니다.[15]

1. 구원은 그리스도 안에서 얻는 새로운 부활이다.1절
2. 구원은 그리스도 안에서 얻는 새로운 생활이다.10절
3. 구원은 그리스도 안에서 얻는 은혜의 선물이다.8절

그가 본문 배열을 바꾸어 설교개요를 만든 이유가 있습니다. 요점3을 설교의 클라이맥스로 계획하고, 그 요점과 결론을 연결해 결단을 요구하는 메시지를 전하고 싶었기 때문입니다. 그 설교의 결론입니다.

협의적인 의미로 구원은 예수 믿고 새로운 피조물로 부활하는 것입니

다. 그러나 광의적으로 생각하면, 구원은 우리가 그리스도를 받아들여 새로운 생활 속으로 들어가는 것입니다. 마지막으로 놀라운 사실은, 이러한 구원을 선물로 받는다는 것입니다. 구원은 그리스도가 주시는 은혜의 선물입니다. 오늘 밤 그 선물을 받을 준비가 되어 있습니까? 그 선물을 받고 싶으십니까?[16]

설교개요가 본문의 순서를 따르느냐 따르지 않느냐가 중요한 것이 아닙니다. 중요한 것은 설교개요를 통해 청중이 설교주제를 제대로 이해하고, 설교주제의 능력을 제대로 느끼느냐입니다. 배열 자체가 목적이 아닙니다. 배열은 목적을 이루기 위한 수단입니다.

16 설교요점을 만들 때 주의할 점이 무엇입니까?

설교요점이란 설교주제를 한번에 전달하지 못하기 때문에 전달하기 적절한 분량으로 나누어 놓은 것입니다. 그러므로 설교요점의 합은 설교주제가 되어야 합니다.

설교요점 + 설교요점 + 설교요점 = 설교주제

예를 들어, 데살로니가전서 5:16-18의 설교주제는 다음과 같습니다. "우리를 향한 하나님의 뜻은 항상 기뻐하고 쉬지 말고 기도하고 범사에 감사하는 것이다." 이에 따른 세 가지 설교요점은 다음과 같습니다.

1. 우리를 향한 하나님의 뜻은 항상 기뻐하는 것이다.
2. 우리를 향한 하나님의 뜻은 쉬지 말고 기도하는 것이다.
3. 우리를 향한 하나님의 뜻은 범사에 감사하는 것이다.

각 설교요점을 합하면 설교주제가 됩니다. 그림으로 표현하면 다음과 같습니다. 설교요점이 주제를 완전히 채우는 모양입니다.

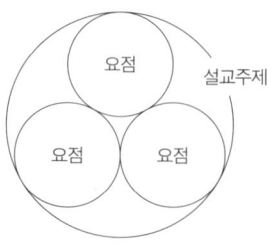

설교요점은 설교주제를 빠짐없이 드러낼 수 있도록 치밀하게 구성해야 합니다. 그런데 이렇게 설교요점을 만드는 과정에서 초보 설교자가 흔히 저지르는 실수가 있습니다.

설교요점이 설교주제를 완전히 채우지 못한다
각 설교요점이 설교주제를 완전히 채우지 못할 수 있습니다. 데살로니가전서 5:16-18에서 다음과 같은 세 가지 설교요점을 만들었다고 해 보겠습니다.

1. 우리를 향한 하나님의 뜻은 기뻐하는 것이다.
2. 우리를 향한 하나님의 뜻은 기도하는 것이다.
3. 우리를 향한 하나님의 뜻은 감사하는 것이다.

설교주제와 설교요점을 비교해 보면 설교주제에는 있는데 설교요점에는 빠진 개념이 있습니다. 바로 "항상", "쉬지 말고", "범사에"라는 개념입니다. 이 개념은 설교주제에는 있지만 설교요점에는 없습니다. 각 설교요점이 설교주제를 제대로 채우지 못하는 형국입니다. 그림으로 표현하면 아래와 같습니다.

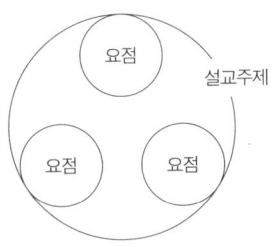

설교요점이 설교주제를 완전히 구현하지 못하면 설교 내용이 부실해집니다. 이런 경우에는 각 설교요점에 내용을 덧붙여 확장하거나, 아니면 요점의 수를 늘려서 부족한 내용을 채워야 합니다. 설교요점은 설교주제를 완전히 채워 부족함이 없도록 구성해야 합니다. 그렇게 해야 충실한 설교가 됩니다.

설교요점이 설교주제의 범주를 벗어난다
설교요점은 설교주제의 범주 안에 있어야 합니다. 설교주제를 벗어나면 제대로 된 설교요점이라고 할 수 없습니다. 설교요점은 설교주제의 하위 개념이기 때문입니다. 예를 들어, 데살로니가전서 5:16-18에서 다음과 같이 세 가지 요점을 끌어냈다고 해보겠습니다.

1. 우리를 향한 하나님의 뜻은 항상 기뻐하는 것이다.
2. 우리를 향한 하나님의 뜻은 쉬지 말고 기도하는 것이다.
3. 우리를 향한 하나님의 뜻은 범사에 감사하여 이웃에게 사랑을 베푸는 것이다.

요점1과 요점2는 아무 문제가 없습니다. 그런데 요점3에는 설교주제의 범위를 벗어난 내용이 있습니다. 설교주제는 '이웃에게 사랑을 베푸는 것'과 관련하여 어떤 말도 하지 않습니다. 물론 우리는 이웃에게 사랑을 베풀어야 합니다. 그렇지만 이번 설교에서는 그런 내용을 말해서는 안 됩니다. 설교주제가 이웃 사랑에 관한 것이 아니기 때문입니다. 하나의 설교요점이 설교주제의 범주를 벗어난 상태를 그림으로 표현하면 다음과 같습니다.

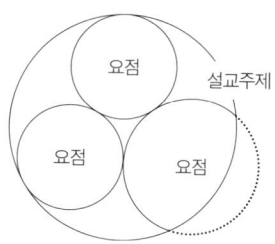

설교요점이 설교주제의 범주를 이탈하면, 청중은 설교자가 설교와 상관없는 불필요한 말을 하고 있다고 느낍니다. 청중 편에서는 설교가 잔소리처럼 들리게 되는 것이지요. 설교주제의 테두리를 벗어난 요점은 과감하게 제거해야 합니다. 그렇게 해야 설교가 설교처럼 들립니다.

설교요점이 서로 겹친다

각 설교요점은 서로 명확히 구분되어야 합니다. 구분이 모호하여 서로 겹치는 설교요점은 청중을 혼란스럽게 만듭니다. 예를 들어, 어떤 설교자가 이렇게 설교했다고 해보겠습니다.

1. 고난이 있어야 하나님의 자녀다.

2. 하나님의 자녀에게 고난이 필요하다.
3. 고난은 하나님 자녀의 표식이다.

세 가지 요점이 표현은 다르지만 내용상 별 차이가 없습니다. 이런 경우에는 각 요점에서 서로 유사한 메시지가 반복될 가능성이 큽니다. 설교요점이 서로 겹치는 경우를 그림으로 표현하면 다음과 같습니다.

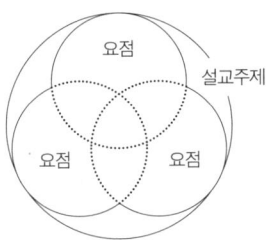

설교요점이 겹치면 중복설명이 많아져서 청중이 설교를 지루하게 느낍니다. 기도할 때 중언부언이 미덕이 아닌 것처럼 설교할 때도 마찬가지입니다. 설교자는 각 설교요점 사이에 의미 있는 차이가 존재하는지, 그리고 그 차이를 다른 설교요점을 할애해서 설명할 필요가 있는지 잘 판단해야 합니다. 그렇게 해야 설교에서 중언부언하지 않을 수 있습니다.

17   설교요점을 어떻게 배열합니까?

설교구조를 만드는 과정에서 설교요점을 어떤 방식으로 배열하는가는 중요한 문제입니다. 요점을 배열하는 방식에 따라 설교구조가 완전히 달라지고 청중도 설교를 다르게 느끼기 때문입니다. 설교자가 사용할 수 있는 설교요점 배열 방식은 크게 두 가지로 나눌 수 있습니다.

병행배열

병행배열은 각 요점이 논리적 선후 관계없이 대등한 관계일 때 사용하는 배열입니다. 앞선 질문에서 언급했던 데살로니가전서 5:16-18의 설교요점이 바로 병행배열입니다.

   1. 우리를 향한 하나님의 뜻은 항상 기뻐하는 것입니다.
   2. 우리를 향한 하나님의 뜻은 쉬지 말고 기도하는 것입니다.
   3. 우리를 향한 하나님의 뜻은 범사에 감사하는 것입니다.

각 요점은 논리적 선후 관계없이 서로 대등합니다. 요점의 배열 순서를 바꾸어도 논리적으로 크게 문제가 되지 않습니다. 브라이언 채플은 디모데후서 4:1-5을 설교하면서 다음처럼 병행배열을 시도했습니다.[17]

   1. 우리는 곤궁에 처한 사람들을 구하기 위해서 하나님의 말씀을

전해야 합니다.
2. 우리는 진리를 옹호하기 위해서 하나님의 말씀을 전해야 합니다.
3. 우리는 우리의 의무를 완수하기 위해서 하나님의 말씀을 전해야 합니다.

위의 두 가지 예에서 확인할 수 있듯이 병행배열에서는 설교주제에서 끌어낸 유사한 표현이 각 요점에 사용됩니다. 채플은 각 요점에서 반복되는 이 구절을 "닻절 anchor clause"이라고 부릅니다.[18] 닻이 배가 떠내려가지 않도록 잡아 주듯이 닻절이 각 요점을 설교주제에서 벗어나지 않도록 포박하는 역할을 한다는 의미입니다. 병행배열을 그림으로 표현하면 다음과 같습니다.

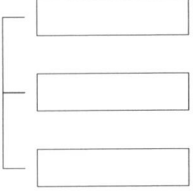

병행배열된 설교요점은 질문-대답 형식으로 쉽게 바꿀 수 있습니다. 서론에서 설교주제와 관련된 질문을 하나 던지고 본론에서 그 질문에 답하는 형식입니다. 이 질문은 닻절과 나머지 설교개요와의 관계에서 끌어낼 수 있습니다. 앞서 언급한 설교개요를 질문-대답 형식으로 바꾸면 다음과 같습니다.[19]

우리를 향한 하나님의 뜻이 무엇입니까?
1. 항상 기뻐하는 것입니다.
2. 쉬지 말고 기도하는 것입니다.
3. 범사에 감사하는 것입니다.

왜 우리는 하나님의 말씀을 전해야 합니까?
1. 곤궁에 처한 사람을 구하기 위해서입니다.
2. 진리를 옹호하기 위해서입니다.
3. 우리의 임무를 완수하기 위해서입니다.

병행배열된 설교의 가장 큰 장점은 통일성과 명료성입니다. 청중은 각 요점에서 반복되는 구절이나, 각 요점이 답하고 있는 한 가지 질문을 통해 모든 설교요점이 그 하나의 설교주제를 뒷받침한다는 사실을 쉽게 깨달을 수 있습니다.

진행배열
설교요점을 배열하는 또 다른 방법으로 진행배열이 있습니다. 각 설교요점이 설교주제에서 끌어낸 유사한 표현이나 하나의 질문과 연결하는 대신, 그다음 단계로 진행될 수 있습니다. 첫 번째 요점은 "잎사귀", 두 번째 요점은 "이삭", 마지막 요점은 "잘 익은 알곡"과 같은 형식입니다.[20] 병행배열에서는 각 설교요점의 논리적 선후 관계가 그다지 중요하지 않았습니다. 하지만 진행배열에서는 각 설교요점이 차례로 연결되어 있어서 그 순서를 바꿀 수 없습니다. 봄에 잎사귀가 피고 가을에 알곡이

영그듯이 말입니다. 정해진 순서가 중요합니다. 진행배열을 그림으로 표현하면 다음과 같습니다.

존 스토트의 디모데전서 2:1-7 설교에서 좋은 진행배열의 예를 볼 수 있습니다.[21]

1. 교회는 모든 사람에게 관심을 가져야 한다.
2. 교회가 모든 사람에게 관심을 가져야 하는 이유는 하나님이 모든 사람에게 관심을 가지고 그들이 구원받기 원하시기 때문이다.
3. 하나님은 하나님과 인간 사이의 중보자인 예수 그리스도를 통해 모든 사람이 구원받기 원하신다.
4. 그러므로 교회는 예수 그리스도의 복음을 모든 사람에게 전해야 한다.

먼저 주장이 있어야 그 주장에 대한 이유를 말할 수 있습니다. 요점 1이 있어야 요점2가 나올 수 있다는 것입니다. 요점1은 주장이고 요점2는 그 주장의 이유이기 때문입니다. 다른 요점들도 마찬가지입니다. 요점2가 있어야 요점3이 나올 수 있습니다. 요점4도 앞에 요점1, 요점2, 요점3 다음에 나오는 것이 자연스럽습니다. 각 설교요점은 논리적으로 선후 관계가 뚜렷합니다. 차례로 흘러갑니다. 이것이 진행배열입니다. 청중은 진행배열된 설교에서 진전하는 논리의 움직임을 함께 느낄 수 있습니다. 이런 점 때문에 진행배열로 구성된 설교는 매우 강력한 인상을 줍니다.

두 가지 배열을 통합하기

설교 한 편에 하나의 배열방식만 사용해야 하는 것은 아닙니다. 한 설교에서 병행배열과 진행배열을 동시에 사용할 수도 있습니다. 정근두의 야고보서 4:13-17 설교에서 병행배열과 진행배열이 통합된 예를 찾아볼 수 있습니다.[22]

> 1. 인간은 오만하다.
> 2. 인간의 오만은 실수다. 왜냐하면 인간은 미래를 모르기 때문이다.
> 3. 인간의 오만은 실수다. 왜냐하면 인간이 유한하기 때문이다.
> 4. 인간은 하나님의 손에 있다. 그러므로 하나님을 신뢰해야 한다.

요점2와 요점3 사이에는 논리적 선후 관계가 존재하지 않습니다. "인간의 오만은 실수다. 왜냐하면"이라는 닻절도 존재합니다. 병행배열입니다. 반면 요점1과 요점2, 요점3 사이에는 논리적 순서가 있습니다. 인간이 오만하다는 주장이 먼저 나와야 그 주장이 실수인 이유를 말할 수 있습니다. 요점4도 요점2, 요점3 뒤에 오는 것이 맞습니다. 인간의 오만이 실수인 이유가 밝혀져야 인간이 하나님의 손에 있고 하나님을 신뢰해야 한다는 점을 주장할 수 있습니다. 논리적 선후 관계가 분명합니다. 순서가 뒤바뀌면 안 됩니다. 진행배열입니다. 한 설교 안에 병행배열과 진행배열이 함께 있습니다. 이 설교개요를 그림으로 표현하면 다음과 같습니다.

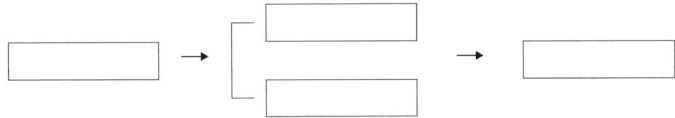

병행배열과 진행배열의 조합을 통해 다양한 설교 구조가 나옵니다. 앞의 예처럼 진행배열 사이에 병행배열이 와도 되지만, 또 진행배열 뒤에 병행배열이 와도 됩니다. 물론 반대로 병행배열 뒤에 진행배열이 올 수도 있습니다. 이런 식으로 두 가지 배열을 조합하면 그 조합의 수만큼 다양한 설교 구조가 나올 수 있습니다.

병행배열과 진행배열을 조합하지 않고도 병행배열을 기본으로 삼고 그 안에서 각 요점이 진행되는 느낌이 들도록 배열할 수 있습니다. 예를 들어, 다음과 같이 설교요점이 배열되었다고 해보겠습니다.

1. 가정에 복음을 전해야 한다.
2. 세상에 복음을 전해야 한다.
3. 이웃에 복음을 전해야 한다.

틀렸다고 할 수는 없지만 어딘가 어색합니다. 요점2가 요점3보다 더 범위가 넓어서 요점이 논리적으로 끝까지 진행되지 못하고 중도에서 돌아오는 느낌이 듭니다. 그런 점에서 다음과 같은 배열이 더 좋습니다.

1. 가정에 복음을 전해야 한다.
2. 이웃에 복음을 전해야 한다.
3. 세상에 복음을 전해야 한다.

병행배열이지만 각 요점이 가정과 이웃과 세상으로 확장되도록 배열했습니다. 병행배열을 사용하더라도 가능하면 각 요점이 논리적으로 진행되도록 배열하는 것이 좋습니다. 이를 그림으로 표현하면 다음과 같습니다.

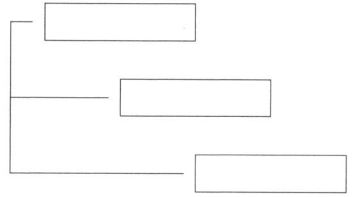

설교자는 하나의 배열 방식에만 매몰되어서는 안 됩니다. 어떻게 하면 본문 구조를 잘 반영할 수 있을지, 또 어떻게 하면 설교주제를 효과적으로 전달할 수 있을지 고려하여 가장 알맞은 곳에 배치해야 합니다. 다양한 배열을 시도하는 것은 설교자 자신과 청중 모두에게 유익한 일입니다.

18   즉석 설교구조가 있습니까?

많은 사람이 즉석식품을 애용합니다. 즉석식품의 장점은 간편한 조리법이지요. 시간과 노력을 적게 들이고도 바로 먹을 수 있습니다. 그래서 '즉석'식품입니다. 설교구조에도 이렇게 즉석식품 같은 구조가 있습니다. 이미 만들어진 설교구조입니다. 그런 점에서 '즉석' 설교구조라고 할 수 있습니다. 더욱이 지금까지 설교자들이 이 구조를 사용하면서 그 효과를 증명하기도 했습니다. 간편할 뿐 아니라 효과적이기까지 합니다. 즉석 설교구조를 사용하지 않을 이유가 전혀 없습니다.

문제-해결

'직장인, 주부, 학생, 누구나 할 것 없이 지쳐 있다. 문제는 피로다. 피로를 어떻게 해결할까? 대한민국 1등 피로회복제, ○○○.' 광고 대부분이 이런 패턴입니다. '머릿결이 푸석푸석한가? 이 샴푸가 해결해 줄 것이다', '얼굴에 주름이 생겼는가? 이 화장품을 사용해야 한다.' 광고 카피는 대부분 문제를 먼저 제시하고 이 제품이 그 문제를 해결해 준다는 방식으로 구성됩니다. 문제-해결 구조입니다. 광고에서 문제-해결 구조가 자주 사용되는 이유가 무엇일까요? 이 구조가 소비자의 관심을 끄는 데 효과적이기 때문입니다. 사람들은 자신의 문제에 관심이 많습니다. 동시에 그 문제를 무엇이 해결해 줄 수 있는지에도 관심이 많습니다.

문제-해결 구조는 광고뿐 아니라 설교에도 유용합니다. 물론 설교에서 다루는 문제는 피로나 머릿결, 얼굴 주름 같은 것들과는 비교할 수 없을 만큼 차원이 다른 영적 문제입니다. 그러나 그 역시 해결이 필요한 문제입니다. 설교는 영적 문제에 대한 해결책을 제시해야 합니다. 마태복음 11:28-30은 다음과 같은 문제-해결 구조로 설교개요를 만들 수 있습니다.

[문제] 인간은 수고하고 짐 진 상태다. 28a절
[해결] 1. 주님 앞으로 나가야 한다. 28b절
      2. 주님의 멍에를 메고 배워야 한다. 29절

하나의 문제를 제시하고 그 문제에 대해 하나 또는 몇 가지 해결책을 제시하는 방식입니다. 문제는 서론에서 주제를 드러내고 각 해결책은 본론에서 설교의 요점을 이룹니다.

문제가 하나가 아니라 몇 가지로 제시될 수도 있습니다. 전도서 2:1-26이 바로 그런 경우입니다.

[문제] 인생은 헛되다.
      1. 즐거움이 헛되다. 1-11절
      2. 지혜가 헛되다. 12-17절
      3. 수고가 헛되다. 18-23절
[해결] 하나님 안의 인생만 헛되지 않다. 24-26절

몇 가지 문제와 하나의 해결책 형태입니다. 이렇게 되면 문제가 서

론 역할을 하는 것을 넘어 본론에서 요점을 이룹니다. 제시된 모든 문제가 하나의 해결책으로 수렴됩니다. 그리고 해결책은 설교의 마지막 부분에서 제시됩니다.

네 페이지 설교
네 페이지 설교는 폴 스콧 윌슨이 고안한 설교구조로 네 가지 요소로 이루어집니다. 네 가지 요소는 1) 성경 속의 문제, 2) 성경 속의 해결, 3) 세상 속의 문제, 4) 세상 속의 해결입니다. 문제-해결 구조의 확장된 형태로 이해할 수 있습니다. 요한복음 4장의 예수님과 사마리아 여인에 관한 설교를 네 페이지 설교로 구성하면 다음과 같습니다.[23]

[1페이지: 성경 속의 문제] 여인은 물 이상의 것이 필요했다.
[2페이지: 세상 속의 문제] 오늘날 사람들은 그들에게 정말 필요한 것을 알지 못한다.
[3페이지: 성경 속의 해결] 예수님은 여인에게 영원히 목마르지 않은 생수를 주셨다.
[4페이지: 세상 속의 해결] 예수님은 우리에게도 영원히 목마르지 않은 생수를 주신다.

네 페이지 설교는 각 요소 간의 경계가 명확해서 설교자가 설교 준비를 하면서 발견하는 다양한 자료를 어디에 위치시킬지 고민하는 노력을 크게 덜어 줍니다. 윌슨이 제안하는 것처럼 페이지의 순서를 바꾸어 변화를 줄 수도 있습니다.

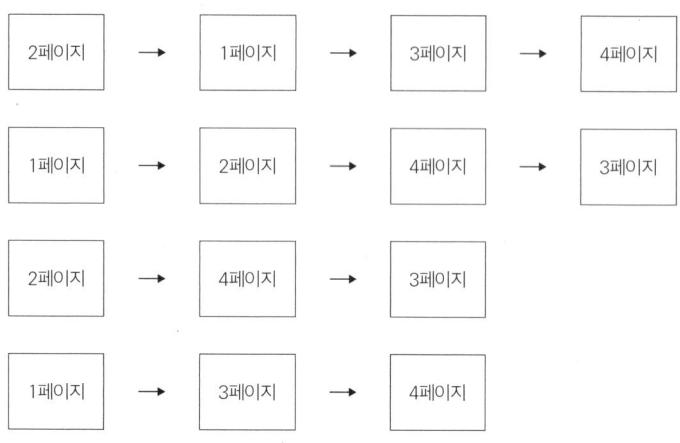

문제-원인분석-해결

문제-해결 구조에 원인분석을 추가해서 구조를 만들 수 있습니다. 바로 문제-원인분석-해결 구조입니다. 이 구조는 기사문에서 어렵지 않게 발견할 수 있습니다. 예를 들어, "순직보다 스스로 목숨 끊은 소방공무원이 많다"는 제목의 기사는 다음과 같은 구조로 이루어집니다.[24]

[문제]   순직보다 스스로 목숨 끊은 소방공무원이 많다.
[원인분석] 근무 중 입은 정신적 장애를 자비로 치료해야 할 만큼 소방공무원에 대한 처우가 열악하다.
[해결]   국가가 소방공무원에 대한 지원을 늘려야 한다.

문제-해결에 원인분석까지 더해지니, 심층 기사에 사용하기에 더할 나위 없는 구조입니다. 설교에도 문제-원인분석-해결 구조를 사용할 수 있습니다. 예를 들어, 마태복음 5:13-16의 설교구조는 다음과 같습니다.

[문제]   교회가 지탄받고 있다.13절

[원인분석] 1. 정체성을 잃었다.13절

　　　　　2. 착한 일을 하지 않는다.14-15절

[해결]   1. 정체성을 회복해야 한다.13절

　　　　　2. 착한 일을 통해 하나님께 영광을 돌려야 한다.16절

로마서 3:23-26도 문제-원인분석-해결 구조를 사용할 수 있습니다.

[문제]   인간은 하나님의 영광에 이르지 못한다.23b절

[원인분석] 인간이 죄를 범했기 때문이다.23a절

[해결]   1. 하나님이 예수님을 화목제물로 세우셨다.25절

　　　　　2. 예수님을 믿어야 의롭다 하심을 얻는다.24절

결과-이유

결과-이유의 구조를 가진 글은 어렵지 않게 찾을 수 있습니다. 인터넷 검색창에 "……해야 하는 이유"라고 검색해 보십시오. 유산소 운동을 해야 하는 이유, 투표해야 하는 이유, 남북이 통일해야 하는 이유, 별과 우주를 사색해야 하는 이유, 통계학을 사랑해야 하는 이유 등 "……해야 하는 이유"라는 제목이 달린 수많은 글을 어렵지 않게 발견할 것입니다. 이런 제목의 글이 많은 이유가 무엇일까요? 글 쓰는 사람 편에서

볼 때, 힘들이지 않고 구조를 만들 수 있기 때문입니다. "왜?"라는 질문 하나로 길게 이야기를 끌어갈 수 있습니다. 더욱이 "왜?"라는 질문은 독자들의 관심을 끌기에도 충분합니다.

결과-이유 구조는 설교에도 유용합니다. 설교자가 쉽게 사용할 수 있고 청중의 관심을 끄는 것도 어렵지 않습니다. 결과는 문제와는 달리 긍정적인 결과입니다. 청중은 긍정적인 결과가 나올 수 있는 이유에 자연스럽게 관심을 두게 됩니다. 야고보서 1:2-4을 결과-이유 구조로 설교하면 다음과 같습니다.

[결과] 시험 속에서도 기뻐할 수 있다.2절
[이유] 1. 시험이 인내를 만들어 낸다.3절
      2. 인내를 통해 온전해진다.4절

하박국 3:17-19을 결과-이유 구조로 설교할 수 있습니다.

[결과] 우리의 상황과 상관없이 기뻐할 수 있다.17-18절
[이유] 1. 하나님이 우리의 구원이시다.18절
      2. 하나님이 우리의 힘이시다.19절

결과-이유-방법

결과-이유 구조에 방법이 추가되었습니다. 방법이 구체적으로 제시될수록 청중은 그 설교를 실제적인 설교라고 느낍니다. 예를 들어, 요한복음 3:16을 결과-이유-방법 구조로 설교할 수 있습니다.

[결과] 우리는 영생을 얻을 수 있다.

[이유] 하나님이 세상을 사랑하셨다.

[방법] 예수님을 믿어야 한다.

결과-이유-방법 구조로 마태복음 6:1-4을 설교하면 다음과 같습니다.

[결과] 사람 앞에서 의를 행하지 않아야 한다. 1a절

[이유] 하나님께 상을 받지 못한다. 1b절

[방법] 은밀하게 구제해야 한다. 2-4절

육하원칙

『정글북』으로 유명한 작가 러디어드 키플링 Rudyard Kipling 이 쓴 『아기 코끼리 코는 왜 길어졌을까』라는 동화에 수록된 시의 일부입니다.

나에게는 정직한 하인 여섯이 있지.
(그들은 내가 알고 싶은 모든 것을 가르쳐 주었다)
그들의 이름은 What, Why, When,
그리고 How, Where, Who다.

영어로는 5W1H, 우리말로는 육하원칙이지요. 키플링은 이것들을 하인이라 불렀지만, 효과적인 설교구조를 만들기 위해 고민하는 설교자들에게 이것들은 좋은 길로 인도하는 교사입니다. 이 원칙들을 따

르면 보다 손쉽게 설교구조를 세울 수 있습니다. 이동원은 요한복음 3:1-7을 "거듭나야 하리라"는 제목으로 다음과 같이 설교했습니다.[25]

1. 누가 거듭나야 하는가?
2. 왜 거듭나야 하는가?
3. 어떻게 거듭날 수 있는가?

설교 한 편에 육하원칙 모두가 기계적으로 항상 등장할 필요는 없습니다. 위의 예에서와 같이 본문에서 두드러지는 내용을 중심으로 다루면 됩니다.

즉석식품은 너무 자주 먹으면 건강에 해롭다고들 합니다. 그러나 즉석 설교구조는 그렇지 않습니다. 그 구조가 설교주제를 잘 드러내고 본문 구조와 어울린다면, 자주 사용해도 설교자나 청중에게 전혀 해롭지 않습니다. 아니 오히려 이롭습니다.

4장 · 설교문 작성

또 내게 이르시되
너는 이 모든 뼈에게 대언하여 이르기를
너희 마른 뼈들아, 여호와의 말씀을 들을지어다.
주 여호와께서 이 뼈들에게 이같이 말씀하시기를
내가 생기를 너희에게 들어가게 하리니 너희가 살아나리라.
너희 위에 힘줄을 두고 살을 입히고 가죽으로 덮고
너희 속에 생기를 넣으리니 너희가 살아나리라.
또 내가 여호와인 줄 너희가 알리라 하셨다 하라.

에스겔 37:4-6

19 설교문은 무엇으로 채웁니까?

뼈대만으로 건물이 될 수 없습니다. 뼈대를 세운 뒤에는 벽돌도 쌓고 내부 공사도 해야 합니다. 그래야 번듯한 건물이 됩니다. 설교도 마찬가지입니다. 지금까지 우리는 설교의 뼈대인 설교구조에 관심을 기울였습니다. 그러나 설교구조만으로 설교가 될 수는 없지요. 이제는 내용을 입히고 채워야 합니다. 그렇게 해야 설교가 됩니다.

설교문의 구성 성분
30분 내외의 설교를 하기 위해서는 최소 다섯 장 정도의 설교문이 필요합니다. 빈 종이 다섯 장을 채우는 일은 여간 고된 일이 아니지요. 그렇다고 너무 긴장할 필요는 없습니다. 설교자들에게는 위로가 있습니다. 설교문에는 설교문을 이루는 작은 단위인 구성 성분이 존재합니다. 그 구성 성분이 모여 한 편의 설교문을 이룹니다. 그러므로 설교자가 다섯 장 분량의 설교문을 한번에 다 쓸 필요는 없습니다. 먼저 작은 단위인 구성 성분을 작성하고, 그 구성 성분을 모아 설교문 한 편을 만들면 됩니다. 그러면 설교문의 구성 성분은 무엇일까요? 설교문을 이루는 구성 성분은 다섯 가지입니다.

1. 설교요점
2. 뒷받침 요소

3. 서론

4. 결론

5. 전환 요소

설교요점과 뒷받침 요소: 본론

다섯 가지 구성 성분 가운데 설교요점과 뒷받침 요소가 설교문의 본론을 이룹니다. 우리는 이미 설교요점을 확보하였습니다. 그렇다면 뒷받침 요소는 무엇일까요? 그 명칭에서 짐작할 수 있듯이 뒷받침 요소는 설교요점을 지지하는 성분입니다.

어떤 글이든 글쓴이의 주장만 나열해서는 절대 제대로 갖춘 글이 될 수 없습니다. 어떤 주장에는 굳건한 논리로 뒷받침하는 것이 좋고, 또 어떤 주장에는 쉬운 해설로 뒷받침하는 것이 요긴하며, 또 어떤 주장에는 적절한 사례를 제시해 뒷받침하는 것이 필요합니다. 뒷받침 요소가 있어야 글이라고 부를 수 있는 분량과 형태를 갖출 수 있고, 또 독자를 설득하는 힘 있는 글이 될 수 있습니다.

설교도 마찬가지입니다. 설교요점만으로는 설교문이 될 수 없습니다. 설교요점에 뒷받침 요소로 내용을 추가해야 합니다. 그래야 적정한 분량의 설교문이 될 수 있습니다. 더 나아가 뒷받침 요소가 있어야 청중에게 가닿는 설교가 됩니다. 설교요점만으로는 청중을 이해시키기 어려울 뿐 아니라 설득하기는 더더욱 어렵습니다. 데이비드 고든 David Gordon 은 『우리 목사님은 왜 설교를 못할까』라는 도발적인 제목의 책에서 설교자들이 설교를 못하는 이유를 단 한 문장으로 정리합니다. "설교자는 하나님의 말씀을 그냥 주장할 뿐, 교인들이 납득할 만한 설교를 하지 않는다."¹ 설교요점을 주장하기만 해서는 청중에게 가닿을 수 없습니다. 뒷받침 요소로 추진력을 얻은 설교요점만이 청중의 머리와 가슴 속으로 예리하게 파고들어 청중을 설득할 수 있습니다. 그래서 어떤 설교학자는 뒷받침 요소를 "설득 요소"라고 부르기도 합니다.² 그러므로 설교에는 뒷받침 요소가 꼭 필요합니다. 세 개의 설교요점으로 구성된 설교문의 본론은 다음과 같은 형태를 띱니다.

설교요점	설교요점	설교요점
뒷받침 요소	뒷받침 요소	뒷받침 요소

세 가지 뒷받침 요소: 설명부, 증명부, 적용부

뒷받침 요소는 세 가지 부분으로 나눌 수 있습니다. 바로 설명부, 증명부, 적용부입니다. 청중을 설득하는 데 설명부, 증명부, 적용부는 각각 독특한 역할을 합니다. 그러면 설명부, 증명부, 적용부는 어떤 역할을 할까요? 다음과 같이 생각하면 이해하기 쉽습니다. 설교자가 설교요점을 말했다고 가정해 보겠습니다. 그러면 청중에게는 그 설교요점에 관해 자연스럽게 다음 세 가지 질문이 떠오르게 될 것입니다.

1. 설교요점이 무엇을 의미하는가?
2. 설교요점은 믿을 만한가?

3. 설교요점이 내 삶과 어떤 상관이 있는가?

설명부, 증명부, 적용부는 청중에게 떠오른 이 세 가지 질문에 응답하는 과정이라고 보면 됩니다.

1. 설교요점이 무엇을 의미하는가?   [설명부]
2. 설교요점은 믿을 만한가?   [증명부]
3. 설교요점이 내 삶과 어떤 상관이 있는가?   [적용부]

설명부는 지성에 호소하여 이해의 반응을 일으킵니다. 증명부는 지성과 감정에 호소하여 수용하도록 합니다. 적용부는 의지에 호소하여 결단하게 만듭니다. 설교가 청중에게 전인적으로 호소하고 결과적으로 전인적인 반응을 일으키기 위해서는 각 부분이 효과적으로 그 역할을 감당해야 합니다.

설명부 → 지성 → 이해
증명부 → 지성과 감정 → 수용
적용부 → 의지 → 결단

그러면 세 가지 뒷받침 요소는 어떻게 배열할까요? 그 배열은 설명부, 증명부, 적용부 순입니다. 먼저 설교요점을 '설명'하고, 다음으로 설교요점을 '증명'하고, 마지막으로 설교요점을 '적용'해야 합니다. 이런 식으로 배열해야 하는 이유에 대한 단서를 로이드 존스의 통찰력 있는 말에서 찾아볼 수 있습니다.

> 사람은 지정의로 구성되어 있습니다. 그중에서 의지에 직접적인 압력을 가해서는 안 된다는 것이 저의 주장입니다. 일차적으로는 정신, 즉 지성에 접근해야 하며, 그 다음으로 감정에 접근하고, 마지막으로 의지에 접근해야 합니다. 즉, 의지는 지성과 감정의 영향을 받아 작동되어야 합니다.[3]

뒷받침 요소 배열은 인간의 사고 체계와 관련되어 있습니다. 인간은 지성, 감정, 의지 순으로 호소해야 적절하게 반응합니다. 그러니 뒷받침 요소도 설명부, 증명부, 적용부 순으로 배열해야 합니다. 세 가지 뒷받침 요소와 그 배열 순서까지 추가해서 설교문의 본론을 더 구체적으로 나타내면 다음과 같습니다.

설교요점	설교요점	설교요점
설명부	설명부	설명부
증명부	증명부	증명부
적용부	적용부	적용부

서론과 결론

본론을 끝내고 추가해야 할 것이 서론과 결론입니다. 들머리에 있다고 서론부터 쓰지는 않습니다. 서론을 먼저 써 놓으면 그 서론에 맞추느라 본론이 왜곡될 수도 있고, 또 본론을 쓰고 나서 서론과 본론이 맞지 않아 서론을 다시 고쳐야 할 수도 있습니다. 다음은 서론과 결론을 추가한 설교문 형태입니다.[4]

서론		
설교요점	설교요점	설교요점
설명부	설명부	설명부
증명부	증명부	증명부
적용부	적용부	적용부
결론		

설교문 작성은 블록 쌓기다

설교문 한 편은 빈 종이 위에 문장을 한 줄 한 줄 채우는 방식이 아니라, 설교문의 구성 성분을 만들어 그 성분을 순서에 따라 조립하는 방식으로 완성합니다. 그러므로 설교문 작성은 재능과 창의성이 많이 요구되는 문학적 글쓰기보다는 오히려 블록 쌓기에 더 가깝습니다. 타고난 문학적 재능이 조금 부족해도 진지하게 노력하면 누구나 좋은 설교문을 쓸 수 있습니다. 오르고 또 오르면 태산도 오르게 되는 것처럼, 쌓고 또 쌓으면 좋은 설교문을 완성할 수 있습니다.

20   어떻게 청중이 설교를 이해하도록 만듭니까?

인간이 지닌 이해력은 설교가 존재하게 하는 근원적 이유가 됩니다. 설교하는 전 과정을 생각해 보십시오. 설교자는 성경 연구를 통해 본문의 저자가 전달하고자 했던 생각을 찾아내고 '이해'합니다. 그리고 설교를 통해 설교자 자신이 '이해'한 저자의 생각을 청중에게 전달합니다. 그 결과로 청중은 저자의 생각을 '이해'하고 수용합니다. 설교의 전 과정에 '이해'가 있습니다. 이해를 위해 필요한 뒷받침 요소가 바로 설명부입니다. 제대로 된 설명부가 있어야 청중이 설교를 잘 이해할 수 있습니다.

설교요점이 본문에 근거하고 있음을 보여주라

설교자는 설명부에서 설교요점이 본문에 근거하고 있음을 보여주어야 합니다. 이는 설명부에서 설교자가 해결해야 할 최우선 과제입니다. 청중은 하나님의 말씀을 들으러 온 것이지 설교자의 말을 들으러 온 것이 아닙니다. 청중에게는 그 설교가 설교자의 말에 불과한 것인지, 본문에 깊이 근거하고 있는지 알 권리가 있습니다. 설교가 본문에 근거한다는 확신이 있은 후에야, 청중은 설교를 하나님의 말씀으로 듣고 그 권위를 인정할 것입니다. 그러므로 설명부에는 다음과 같은 삼단논법이 전제되어야 합니다.[5]

[대전제] 모든 성경은 진리다.

[소전제] 이 특정한 교리는 성경에서부터 나왔다.

[결론] 그러므로 이 교리는 진리다.

대전제를 공유하는 청중이라면 소전제가 증명될 때, 자연스럽게 결론을 받아들입니다. 설명부에서 설교자가 하는 작업이 바로 소전제를 증명하는 것입니다. 설교자는 자신의 설교요점이 본문에 근거하고 있다는 사실을 명백히 보여주어야 합니다.

많은 경우에 소전제를 증명하는 작업은 설교요점이 나온 근거 구절을 제시하는 것만으로도 충분합니다. 예를 들면 이런 식입니다. "본문 5절에서 이 진리가 분명하다는 것을 알 수 있습니다. 5절 말씀을 읽어드립니다." 이런 과정을 통해 청중은 설교요점이 본문에서 왔다는 사실을 확인할 수 있습니다.

어떤 경우에는 설교요점이 한두 구절에 근거하는 것이 아니라 몇 절에 걸친 긴 논의의 결과로 나올 수 있습니다. 이럴 때는 본문의 논지를 밝히면서 설교자가 그 설교요점에 도달할 수밖에 없었던 인과 관계를 청중에게 보여줄 필요가 있습니다. 존 파이퍼는 다음과 같이 말합니다.

당신을 놀라게 한 사실을 그들도 보고 놀라려면, 지혜롭고 참을성 있는 도움이 필요하다. 이 놀라운 진리를 그들에게 보여주라. 당신이 보여주라. 이것이 강해다.……그러므로 부디 본문에 있는 내용과 그것이 본문에 있다는 사실을 말할 뿐만 아니라 그것이 본문에 있음과 어떻게 그런지를 청중에게 보여주라.[6]

설교요점이 "본문에 있음과 어떻게 그런지를" 청중에게 보여주는 것, 이것이 설교자가 설명부에서 해결해야 하는 최우선 과제입니다.

설교요점의 의미를 본문 연구 자료에 근거하여 설명하라
설교요점이 본문에 근거하고 있음을 증명했으면 이제 설교요점이 의미하는 바가 무엇인지 설명해야 합니다. 본문 연구를 하면서 모았던 자료를 사용하는 때가 바로 이때입니다. 본문에 나타나는 중요한 단어나 구절을 밝힐 수 있습니다. 문법을 해설할 수도 있습니다. 본문의 역사적 배경을 드러낼 수도 있습니다. 전후 문맥에 대해 말할 수도 있습니다.

이때 설교자들이 잊지 말아야 할 것이 있습니다. 본문 연구를 하면서 얻은 모든 내용을 청중에게 다 알려줄 필요는 없습니다. 청중이 알아야 할 것은 설교자가 성경 연구를 얼마나 열심히 했느냐가 아니라 설교요점이 무엇을 의미하느냐입니다. 브라이언 채플은 이렇게 말합니다.

> 젊은 설교자들은 자신의 설명에 주해를 통해서 얻은 복잡한 사항을 추가하여 설교에 신빙성을 더할 수 있다고 생각하는데, 그러한 학문적인 행위는 설교자가 청중의 능력을 알지 못하거나 배려하지 않고 있음을 증명해준다. 설교자는 자신의 번역 도구들을 사용하고 중요한 해석적 통찰을 전하되 분명하고 쉬운 용어로 설명해야 한다. 다시 말해서 주해 과정에서 흘린 땀이 아니라 그 열매를 성도들에게 알려주어야 한다.[7]

설교자는 자신이 연구한 모든 것을 말해서는 안 됩니다. 요새 TMI

라는 말이 유행입니다. 영어의 Too Much Information에서 앞 글자만 따서 줄인 말인데, 보통 너무 많은 정보를 전달할 때 사용합니다. 굳이 알려주지 않아도 되는 정보라는 뜻이지요. 설교자도 TMI를 피해야 합니다. 설명부에서는 설교요점과 관련된 자료만 언급해야 합니다. 사용할 자료를 선별하는 시험대는 설교요점과 관련되어 있느냐입니다. 아마도 설교자가 땀 흘리며 모았던 많은 자료가 그 시험대를 통과하지 못할 것입니다. 어찌 아깝지 않겠습니까? 그러나 아까운 마음 때문에 설교요점과 상관없는 자료를 하나둘 사용하다 보면 설교가 산으로 가 버립니다. 넘치는 설교는 모자라는 설교보다 전혀 나을 것이 없습니다. 설교자는 연구를 통해 얻은 모든 자료를 사용하고 싶은 유혹을 물리쳐야 합니다. 이번 설교가 마지막 설교가 아닙니다. 이번에 사용하지 못한 자료는 잘 보관해 두면 됩니다. 이 자료도 언젠가 시험대를 통과할 때가 있을 것입니다.

설교요점의 의미를 청중이 이해할 수 있도록 설명하라

"내용이 좋은 것 같기는 한데 이해하기가 어렵습니다." 이런 피드백을 받아본 설교자라면 지금 말하는 내용을 꼭 기억해야 합니다. 스탠퍼드 대학교에서 재미있는 실험을 했습니다. 이 실험은 참여자들을 '두드리는 사람'과 '듣는 사람' 두 그룹으로 나누었습니다. 두드리는 사람은 사람들이 잘 아는 친숙한 노래를 선정해 그 노래의 리듬에 맞추어 손바닥으로 테이블을 두드립니다. 그러면 듣는 사람은 그 리듬을 듣고 어떤 노래인지 알아맞히는 것입니다. 미국인이라면 모두 알만한 노래 120곡을 가지고 실험했는데, 듣는 사람들은 과연 몇 곡이나 제대로 맞혔을까요? 불과 3곡, 정답률은 2.5%에 지나지 않았습니다. 실험 결과는 두드리는 사람들의 기대와 너무 달랐습니다. 실험을 시작하기 전에 두드리는 사람들에게 듣는 사람이 정답을 맞힐 가능성이 어느 정도 되겠냐고 물었습니다. 그들은 이 질문에 50% 정도라고 대답했습니다. 그러나 그들의 기대와 실험 결과는 20배나 차이가 났습니다.

이렇게 큰 차이가 생긴 이유는 무엇일까요? 바로 '지식의 저주' 때문입니다. 지식의 저주란 사람이 일단 어떤 것을 알게 되면 그것을 알지 못하는 상태가 어떤 느낌인지 상상하지 못하는 현상을 말합니다. 어떤 것에 대한 지식이 있는 사람은 그 지식이 없는 사람의 상태를 이해하기 어렵다는 말입니다. 두드리는 사람들의 기대와 실험 결과 사이에 큰 차이가 생긴 이유가 여기에 있습니다. 두드리는 사람은 무슨 노래인지 아는 상태였기 때문에 자신이 두드리는 리듬이 쉽다고만 생각했고, 그 노래를 알지 못하는 상태에 있는 듣는 사람의 입장을 전혀 헤아리지 못했습니다.[8]

설교자도 지식의 저주에 빠질 때가 있습니다. 설교자는 이미 본문을 몇 시간씩 혹은 며칠 동안 연구했습니다. 그 연구의 결과로 중심주제와 설교요점을 확보했습니다. 이제 설교자는 본문을 충분히 파악했습니다. 하지만 청중은 설교자가 성경을 펴자는 말과 함께 이제 막 본문을 들여다보기 시작했습니다. 그들에게는 본문이 생소할 수밖에 없습니다. 그러므로 청중이 설교자의 수준에서 이해해 주리라고 기대해서는 안 됩니다. 그러나 설교자는 청중의 상태를 헤아리지 못하고 자신의 수준에서 설명하곤 합니다. 그러니 청중이 제대로 이해하지 못합니다.

설교문을 쓰는 과정에서 설교자는 자신이 본문을 처음 대했을 때

받았던 느낌과 상태를 자주 되살려 보아야 합니다. 지식의 저주에 빠지면 헤어나기 쉽지 않다고 하지만 그래도 힘껏 빠져나와야 합니다. 이미 본문을 알고 있는 지금 자신의 상태가 아니라, 아직 본문을 알지 못하는 청중의 상태를 고려하며 설교문을 써야 합니다. 다시 한번 말하지만, 청중의 처지에서 생각해야 합니다. 훌륭한 설명은 공감에서부터 시작합니다. 우리가 본문을 이제 막 읽었고, 설교요점을 지금 막 들었다면, 어떤 부분이 이해되지 않겠습니까? 설명부에서는 이 질문에 대한 답을 주어야 합니다.

21 어떻게 청중이 설교를 수용하도록 만듭니까?

인간은 무엇을 이해했다고 해서 곧바로 수용하지는 않습니다. 이해하고도 의심하는 존재가 인간입니다. 확신에 이르는 길은 단순하지 않지요. 그 길은 멀고 힘겨운 길입니다. 설교에 증명부가 존재하는 이유가 여기에 있습니다. 증명부에서 설교자는 설교요점을 믿을만한 이유와 근거를 제시해서 청중의 동의를 얻어내고 진리를 수용하도록 도와야 합니다.

예증하라
증명부에서 증명이라는 단어 때문에 복잡한 논증을 떠올리는 분도 있겠지만 설교에서 증명부는 복잡함과는 거리가 멉니다. 말하기의 논증이 가져야 하는 미덕을 모티머 애들러는 다음과 같이 설명합니다.

> 무엇보다도 설득자는 길고 복잡하고 난해한 주장을 피해야 한다. 설득에서 하는 일은 수학적 예증이나 과학적 추론을 근거로 확신을 얻어내는 것과 다르다. 효과적인 설득의 목표는 그보다 훨씬 소박하다. 단지 청자가 하나의 제품, 한 사람의 후보, 하나의 정책을 다른 것에 비해 선호하게 만드는 것이다. 따라서 이때 이용해야 할 논증은 훨씬 짧고 간략하고 집약적이어야 한다.⁹

설교도 말하기인 만큼 단순하고 집약적인 논증이 필요합니다. 그 효과적인 도구가 바로 예증입니다. 예증은 실례를 들어서 자신의 주장이 옳다는 것을 증명하는 것을 말합니다. 성경에서도 예증을 사용하여 자신의 주장이 옳음을 증명하는 설교자를 발견할 수 있습니다. 바로 바울입니다 고전 6:6-12.

6 어찌 나와 바나바만 일하지 아니할 권리가 없겠느냐. 7 누가 자기 비용으로 군 복무를 하겠느냐. 누가 포도를 심고 그 열매를 먹지 않겠느냐. 누가 양 떼를 기르고 그 양 떼의 젖을 먹지 않겠느냐. 8 내가 사람의 예대로 이것을 말하느냐. 율법도 이것을 말하지 아니하느냐. 9 모세의 율법에 곡식을 밟아 떠는 소에게 망을 씌우지 말라 기록하였으니 하나님께서 어찌 소들을 위하여 염려하심이냐. 10 오로지 우리를 위하여 말씀하심이 아니냐. 과연 우리를 위하여 기록된 것이니 밭 가는 자는 소망을 가지고 갈며 곡식 떠는 자는 함께 얻을 소망을 가지고 떠는 것이라. 11 우리가 너희에게 신령한 것을 뿌렸은즉 너희의 육적인 것을 거두기로 과하다 하겠느냐. 12 다른 이들도 너희에게 이런 권리를 가졌거든 하물며 우리일까보냐. 그러나 우리가 이 권리를 쓰지 아니하고 범사에 참는 것은 그리스도의 복음에 아무 장애가 없게 하려 함이로다.

바울의 요점이 무엇입니까? 바울 자신도 목회 활동을 위해 후원받을 권리가 있다는 말입니다. 바울은 이 주장을 제시하는 것에서 그치지 않았습니다. 교인들은 사도의 말에 그냥 순종하기만 하면 된다고 생각하지 않았다는 의미입니다. 오히려 자신의 요점의 타당성을 뒷받침할

만한 자료를 제시합니다. 7절에서는 상식을 통해 요점이 옳다는 것을 증명합니다. 군인, 목자, 농부에게 수고한 만큼 취할 권리가 있다는 것은 누구나 가진 상식입니다. 9절에서는 요점을 증명하기 위해 구약의 율법을 제시합니다. 곡식을 떠는 소의 입에 망을 씌우지 말라는 율법이지요. 수고하는 소에게는 보상해야 한다는 의미입니다. 바울은 상식과 율법을 동원하여 자신이 후원받을 권리가 있다는 점을 예증합니다. 사도조차도 요점을 뒷받침하기 위해 예증을 사용하는데 우리가 "내 말이니 그냥 믿으세요"라고 한다면 그것은 오만한 행동이 아닐까요?

　예증을 위해 사용할 수 있는 자료는 무궁무진합니다. 성경의 다른 본문, 교회사에 있었던 일화, 권위 있는 사람의 말, 문학작품, 신문이나 방송 기사 등 설교요점이 옳고 믿을 만하다는 이유와 근거를 제시할 수 있는 자료라면 그것이 무엇이든 예증을 위해 사용할 수 있습니다. 청중이 쉽게 공감할 수 있는 예화도 예증을 위한 좋은 자료입니다. 예화는 추상적인 진리를 청중에게 친숙한 경험과 버무려 제공합니다. 청중은 예화를 통해 진리를 보고, 느끼고, 경험합니다. 자신이 경험한 진리를 수용하기가 훨씬 쉬운 것은 자명합니다.

감정에 호소하라

설교는 감정을 다루는 일과는 거리가 멀다고 생각하는 설교자들이 있습니다. 그들의 설교는 신학 논문처럼 추상적 개념으로 가득 차 있거나 직장인의 일과표처럼 해야 할 일이 길게 나열되어 있을 것이 분명합니다. 그러나 좋은 설교에는 지적인 면이나 실천적인 면을 넘어 체험적이고 정서적인 면이 존재합니다. 엠마오로 가던 두 제자가 부활하신 주님이 성경에 근거해서 하신 말씀을 듣고 난 뒤에 했던 고백을 기억하십니까? "길에서 우리에게 말씀하시고 우리에게 성경을 풀어 주실 때에 우리 속에서 마음이 뜨겁지 아니하더냐." 눅 24:32 마음이 뜨거웠다는 것은 그들에게 정서적인 감동이 있었다는 의미입니다.

청중이 정서적으로 감동하면 진리를 훨씬 쉽게 수용합니다. 이것은 하나님이 정하신 방법입니다.

> 파토스는 인간의 의사 결정에 있어서 주된 요소다. 하나님은 인간을 감정적인 호소에 응답하도록 만드셨고, 하나님 자신도 파토스를 사용하시기 때문이다. 하나님은 당신의 광대하심에 대한 경외감, 당신의 거룩함에 대한 두려움, 당신의 선하심에 대한 확신, 그리고 당신의 은혜에 대한 기쁨을 통해 우리에게 동기를 부여하신다. 파토스는 하나님의 의사소통에서 부수적이지 않고 결정적이다.[10]

그러므로 설교는 지성만이 아니라 감정에도 호소해야 합니다. 진리는 머리만이 아니라 마음에도 가닿아야 합니다. '바람과 태양'이라는 이솝 우화가 있지요. 나그네의 외투를 벗긴 쪽은 세찬 바람이 아니라 뜨거운 햇빛이었습니다. 감정적 호소는 뜨거운 햇빛과 같습니다. 이 햇빛 아래서 청중은 의심의 외투를 벗어 던집니다.

더욱이 정서적인 감동은 청중의 이성과 의지를 연결합니다. 찰스 스펄전 Charles Spurgeon 의 말을 들어보십시오. "논리는 따뜻한 사랑의 설득으로 되살아나야 합니다. 차가운 논리도 힘이 있지만, 그것이 애정으로 붉게 달궈졌을 때 부드러운 논리의 힘은 상상할 수 없을 만큼 강력해집니다."¹¹ 마음에 동기부여가 되어야 머리로 이해한 진리를 따라 행동하는 존재가 인간입니다. 청중이 기꺼이 순종하도록 하기 위해서라도 설교자는 청중의 감정에 호소할 필요가 있습니다.

증명부 = 지성적 설득 + 감정적 호소

청중의 감정에 영향을 주기 위해서 예화만큼 중요하게 다루어야 할 요소도 없습니다. 예화에 관해서는 세부적으로 언급할 기회가 있으므로 질문 23 참조 여기서는 예화가 청중의 정서적인 면을 자극하고 청중의 마음에 동기를 부여하기 위해서 꼭 필요하다는 점만 강조하겠습니다.

예화는 설교의 사상을 장식하거나 이해하기 어려운 것을 분명히 해주는 것 이상의 역할을 한다. 삶의 경험은 우리의 영혼과 정신과 생각에 영향을 미치기 때문에 그런 경험을 인용하는 것이 의사전달에 있어서 기본 도구의 역할을 한다. 예화는 설득하고, 개입하도록 자극하며, 마음을 감동시키며, 의지를 불러일으키고, 결심을 이끌어낸다. 따라서 예화의 주목적은 뜻을 분명히 하는 데 있는 것이 아니라 동기를 부여하는 데 있다.¹²

예화는 청중의 감정에 호소하고 청중의 마음에 동기를 부여합니다. 예화는 증명부에서 없어서는 안 될 강력한 도구입니다.

청중의 의심을 진지하게 다루라

교회 밖에서 혼자 신앙 생활하는 사람들이 많아졌습니다. 교회에 나가지 않는 교인들이 늘어나니 이들을 부르는 전문 용어까지 생겼습니다. '가나안 교인'이라는 용어입니다. '안 나가'를 뒤집어 놓은 표현이지요. 한 연구서는 가나안 교인이 된 이유를 다섯 가지로 분석했는데, 그것은 1) 강요받는 신앙, 2) 소통의 단절, 3) 신앙과 삶의 불일치, 4) 자기 나름의 신앙방식이었습니다.[13] 이 중에서 1)과 2)는 교회 내의 문제, 3)은 교회 밖 삶의 문제, 4)는 가나안 교인 자신들의 문제라고 할 수 있을 것입니다. 그렇다면 설교는 가나안 교인을 양산한 교회 내의 문제, 곧 강요받는 신앙과 소통의 단절에 어떤 역할을 했을까요?

팀 켈러는 1989년에 가장 세속적인 도시 맨해튼에 십여 명 교인들과 함께 리디머 장로교회를 개척했습니다. 현재 이 교회의 교인은 5천 명이 넘습니다. 그리고 3만 명이 넘는 사람들이 교회 웹사이트에서 팀 켈러의 설교를 듣고 있습니다. 덕분에 팀 켈러는 '대도시에서 가장 성공한 기독교 복음 전도자'라는 별명을 얻었습니다. 그의 설교가 사람들에게 영향을 끼치는 이유가 무엇일까요? 팀 켈러가 청중의 의심을 진지하게 다루기 때문입니다. 그의 말을 들어보겠습니다.

> 설교자는 비신앙에 대한 비판자가 되어야 한다. 그러나 공감 능력이 부족한 것은 결코 미덕이 아니다. 의심파들이 우리가 그들에게 무관심하거나 고압적이거나 그들의 입장을 무시한다는 느낌을 가진 채 멀리 떠나가는가, 아니면 우리가 기독교 신앙을 가지고 그들의 문제를 얼마나 정확하고 공정하게 다루는지를 보면서 놀라고 심지어 충격을 받는가.[14]

청중의 의심을 무시하는 것은 설교자의 지위를 남용하는 행위입니다. 설교자는 청중의 의심을 함께 보듬고 고민하고 해결하기 위해 보냄 받은 자입니다. 설교자는 청중의 의심을 진지하게 다루어야 합니다. 물론 설교자가 청중이 가진 의심의 문제를 100% 해결해 줄 수 없을지 모릅니다. 괜히 청중의 의문을 끄집어내었다가 제대로 해결하지 못해 오히려 역효과가 나는 것은 아닐까 고민될만도 합니다. 하지만 대부분 청중은 설교자가 자신의 의문을 진지하게 다루어 주었다는 것만으로도 만족하고 감사할 것입니다. 그들은 우리가 생각하는 것보다 훨씬 관대합니다. 그러니 움츠리지 말고 꼭 도전하십시오. 그들이 당신의 설교를 기꺼이 수용하게 될 것입니다.

22   어떻게 청중이 설교를 실천하도록 만듭니까?

설교는 강의가 아닙니다. 성경 내용을 잘 전달한다고 해서 그것이 곧 설교는 아닙니다. 설교는 문학작품이 아닙니다. 유려한 문장과 풍성한 표현을 통해 듣는 기쁨을 제공하고 정서적인 감동을 일으킨다고 해서 그것이 곧 설교는 아닙니다. 물론 설교는 본문 내용을 알기 쉽게 전달하고 감동도 제공해야 합니다. 하지만 그것이 전부는 아닙니다. 설교는 청중의 삶을 다루어야 합니다. 청중은 설교를 통해 진리를 따라 살기로 결단해야 합니다. 이것이 바로 설교에 적용부가 존재하는 이유입니다. 적용부에서 설교자는 청중의 의지를 자극해 설교를 실천하도록 만듭니다.

적용은 꼭 필요하다

웨스트민스터 총회의 신학자들이 작성한 예배 모범 가운데 '말씀 설교에 관하여'라는 장에는 적용의 필요성이 다음과 같이 언급되어 있습니다.

> 설교자는 일반적인 교리를 전하는 것으로 안주해서는 안 된다. 이는 그 교리가 아무리 명쾌하게 전달되고 또 확증되었다고 하더라도 그러하다. 오히려 설교자는 교리를 청중의 삶에 적용함으로써, 그 교리가 구체적으로 사용되도록 해야 한다.

다시 한번 강조하지만, 적용이 있어야 설교입니다. 교리를 설명하고 증명했으면 이제 그 교리를 '구체적으로 사용'해야 합니다.

그러나 적용은 간단한 문제가 아닙니다. 적용은 어렵습니다. 어떻게 보면 설교자에게는 성경 해석보다 적용이 더 고된 과제일지 모릅니다. 해석에 관한 자료는 넘쳐나지만 적용을 돕는 자료는 그렇지 않습니다. 적용은 상황에 따라 달라지는 면이 있어서 다른 사람의 도움을 받기도 쉽지 않습니다. 좋은 적용을 위해서는 깊은 경건과 영성도 필요합니다. 적용을 피하거나 피상적인 적용으로 설교를 끝내 버리는 설교자들이 많은 이유가 여기에 있습니다. 전문적인 신학 훈련을 받은 설교자에게도 본문을 적용하는 것이 어렵다면 청중은 오죽하겠습니까? 그러므로 설교자가 교리를 '구체적으로 사용'하는 본을 보여주어야 합니다. 적용은 설교자가 피해서는 안 될 일입니다.

적용은 설교요점에 근거한다

적용의 시작은 설교요점입니다. 설교요점에서 적용이 나와야 합니다. 설교요점은 본문의 저자가 전달하려고 했던 메시지를 반영합니다. 따라서 적용은 본문의 원래 메시지에서부터 출발합니다. 본문의 원래 메시지에 집중해야 옳은 적용을 얻을 수 있습니다.

> 원래의 메시지에 초점을 집중하는 것만이 타당하게 적용하기 위한 유일한 방법이다. 따라서 우리는 오늘날을 위한 본문의 의미를 결정하기 전에, 그 저자가 자신의 원래 청중 또는 독자들에게 하려고 의도했던 것이 무엇인지를 알아야만 한다.[15]

본문의 원래 메시지에 근거한 적용은 옳을 뿐만 아니라 권위도 확보할 수 있습니다. 합당한 근거가 되는 본문의 원래 메시지에서 끌어낸 적용을 할 때 설교자는 "이것이 하나님께서 여러분에게 요구하시는 것입니다"라고 담대하게 외칠 수 있습니다. 그리고 청중은 그 요구가 하나님의 말씀이라고 인정하고 순종할 것입니다. 옳고 권위 있는 적용은 적용이 본문에 기초한 설교요점에 근거할 때 가능합니다.

자신에게 먼저 적용하라

설교자는 하나님 말씀을 자신에게 먼저 적용해야 합니다. 자신이 한 설교와 아무 상관없이 살아가는 설교자의 설교를 듣고 어떤 청중이 그들 자신의 삶을 변화시키려고 할까요? 찰스 스펄전은 설교자의 삶이 진리를 전달하는 데 오히려 방해가 될 수 있다는 사실을 지적합니다.

> 사람의 삶은 언제나 그의 웅변보다 강력합니다. 사람들이 누군가를 평가할 때 행동은 큰돈으로, 말은 잔돈으로 계산합니다.……사람이 진리에 대해서 많이 알면서도 오히려 진리를 손상시키는 증인이 될 수 있는 것은 그가 전혀 신뢰를 주지 않기 때문입니다. 자신에게 감기를 낫게 하는 확실한 치료제가 있다고 떠들어대는 돌팔이 의사가 말끝마다 기침을 하고 코를 훌쩍 거렸다는 옛 이야기는, 거룩하지 않은 목사

를 가시화하는 이미지와 상징이 될 수 있습니다.[16]

우리는 '진리를 손상시키는 증인'이 되어서는 안 됩니다. 청중에게 거룩한 삶을 추구하라고 말하기 전에 설교자 자신이 먼저 거룩한 삶을 추구해야 합니다. 말씀을 자신의 삶에 적용하는 설교자가 말씀을 적용하는 삶으로 청중을 인도할 수 있습니다. 설교자는 강단에서만 설교하는 자가 아니라 자신의 삶을 통해서도 설교해야 합니다. "효과적인 적용은 방법이 아니라 자세"[17]라는 말은 새겨들어야 합니다.

더욱이 말씀을 자신에게 먼저 적용하는 설교자는 더 깊이 있는 적용을 끌어낼 수 있습니다. 사람들은 제각기 다양한 모습으로 살아가지만 분명 공통점이 있습니다. 특히 인간의 내면에는 밖으로 드러난 것보다 훨씬 많은 공통점이 존재합니다. 그러므로 자기 자신을 아는 만큼 다른 사람을 안다고 해도 과언이 아닙니다. 설교자가 자신의 내면과 삶을 깊이 성찰하고 말씀을 적용하면 그 적용은 단순히 설교자 자신에게만 국한되지 않고 인간이라는 공통점을 지닌 청중 모두에게 적실성을 지니게 될 것입니다. 우리 자신을 위해서 그리고 우리의 설교를 듣는 청중을 위해서, 하나님 말씀을 자신에게 먼저 적용하십시오.

구체적으로 적용하라

두루뭉술하고 일반적인 적용은 청중에게 영향을 미치지 못합니다. 설교자가 "이웃을 사랑하자"라고 했다고 해봅시다. 청중은 설교자의 말에 동의할 것입니다. 예배당에 와 있는 사람이라면 이웃 사랑에 반대할 사람은 없습니다. 그러나 설교가 끝나는 순간까지 청중이 구체적으로 누구를 사랑해야 하는지 또 어떻게 사랑해야 하는지 듣지 못한다면, 청중은 설교자와 자신이 같은 생각을 했다는 것에 만족하며 편안히 예배당을 떠날 것입니다.

C. S. 루이스가 쓴 『스크루테이프의 편지』에서 경험 많은 악마는 수습생 악마에게 인간을 유혹하는 방법에 관해 다음과 같이 조언합니다.

여하튼 행동으로 옮기는 것만 아니라면 무슨 짓이라도 하게 두거라. 상상과 감정이 아무리 경건해도 의지와 연결되지 않는 한 해로울 게 없다.……느끼기만 하고 행동하지 않는 경우가 많아질수록, 점점 더 행동할 수 없게 될 뿐 아니라 결국에는 느낄 수도 없게 되지.[18]

설교요점을 반복하는 것으로 적용의 임무를 다했다고 여기는 설교자의 설교는 느끼기만 하고 행동하지 않는 청중을 만들어 낸다고 말하면 너무 심할까요? 그러나 이런 설교가 청중의 삶을 변화시킬 수 없다는 것은 확실합니다. 적용은 설교요점보다 훨씬 구체성을 띠어야 합니다. 삶은 추상적이지 않고 구체적입니다. 당연히 삶과 관련된 적용도 구체적이어야 합니다.

청중이 삶 속에서 해결해야 하는 다양한 층위의 필요와 과제를 잘 인식할수록 구체적인 적용이 가능합니다. 브라이언 채플은 청중이 삶에서 맞닥뜨릴 수 있는 과제를 다음과 같이 열거합니다.[19] 구체적인 적용을 위해 노력하는 설교자들에게 도움이 될 것입니다.

1. 관계 세우기 - **하나님, 가족, 친구들, 직장 동료들, 교인들**

2. 갈등 해소하기 - **부부, 가족, 직장, 교회**

3. 어려운 상황 다루기 - **스트레스, 실직, 감정적 슬픔, 육체적 피로 등**

4. 약함과 죄 극복하기 - **부정직, 분노, 중독, 음욕, 의심, 훈련 부족 등**

5. 자원의 부족이나 부적절한 사용에 대처하기 - **시간, 재물, 재능 등**

6. 도전에 대처하고 기회를 활용하기 - **교육, 교회 안팎의 봉사, 전도, 선교 등**

7. 의무 받아들이기 - **가정, 교회, 직장, 미래에 대한 준비 등**

8. 하나님 공경하기 - **예배, 죄 고백, 기도, 헌신, 일상과 구별하지 않기**

9. 사회적, 세계적 문제에 관해 관심 두기 - **가난, 인종차별, 유산, 교육, 불의, 전쟁 등**

청중의 필요가 다양하다는 것과 청중 또한 다양하다는 것을 인식한다면 더욱 구체적으로 적용할 수 있습니다. 청중은 뭉뚱그려 다 같은 청중이라고 말하기에는 너무 다양합니다. 여기서 청중을 세부적인 그룹으로 나누어 보는 것이 구체적인 적용을 하는 데 도움이 됩니다. 성별이나 나이, 직업이나 경제적 지위, 영적 상태 등을 범주로 나누고, 그 특정한 청중이 처한 상황이 본문의 진리와 어떻게 연결될 수 있는지 생각해 볼 수 있습니다. 예를 들면, '남편을 잃고 홀로 자녀를 키우는 어머니에게 본문의 진리는 무엇을 요구하는가?' 이런 식입니다. 물론 한 번의 설교에서 모든 부류의 청중을 다 다룰 수는 없습니다. 모든 청중이 다 남편을 잃고 홀로 자녀를 키우는 어머니도 아닙니다. 그러나 특정한 청중을 겨냥한 그 구체적인 적용을 통해, 다른 청중 또한 자신이 처한 현실에서 진리를 적용할 수 있는 감각을 얻을 수 있습니다. 구체적인 적용은 모두에게 유익합니다.

설교자들은 자신의 설교가 단순하게 비칠까 두려워하는 경향이 있습니다. 그래서 구체적인 적용을 말하는 대신에 원어를 밝히고, 문법을 말하고, 세세한 부분까지 신학적인 잣대를 들이대는 게 더 낫다고 생각합니다. 하지만 예수님은 우리를 위해 인간이 되셨습니다. 낮아지신 그분은 현실로 들어오셨습니다. 설교가 단순하다는 평가를 두려워 마십시오. 하나님이 예수님을 높이셨듯이 우리의 설교도 높여 주실 것입니다.

적용은 은혜에 근거해야 한다

적용은 빙산과 같습니다. 빙산은 물 밖에 노출된 부분보다 물 아래 잠긴 부분이 훨씬 더 큽니다. 겉으로 보기에 적용은 하나님이 우리에게 요구하시는 것을 의미하지만 그 아래에는 더 큰 쟁점이 있습니다. 『웨스트민스터 소요리문답』 3문은 "성경이 주로 가르치는 것이 무엇입니까?"라고 묻고 다음과 같이 답합니다. "성경이 주로 가르치는 것은 사람이 하나님에 관해 믿을 것이 무엇인가, 그리고 하나님께서 사람에게 어떤 의무를 요구하시는가입니다." 하나님께서 사람에게 요구하시는 의무는 하나님이 어떤 분이신지와 긴밀히 연결되어 있습니다. 적용의 배후에는 하나님의 성품이 놓여 있습니다.

어떤 설교자는 적용의 근거를 죄책감과 욕심에 둡니다. 순종하지 않으면 하나님이 우리를 거절하신다고 하거나 하나님으로부터 무언가 이득을 취하려면 순종해야 한다고 말합니다. 그러나 죄책감과 욕심에 근거한 적용은 율법주의를 조장하고 하나님의 성품을 왜곡합니다. 물론 하나님은 죄를 싫어하시고 순종하는 자들에게 복을 내리십니다. 그러나 우리가 순종하는 이유는 죄책감이나 욕심 때문이 아닙니다. 오히려 죄와 죄책감과 욕심에 매였던 우리를 풀어주신 사랑과 은혜가 충만하신 하나님께 영광과 감사를 드리기 위해 순종합니다. 은혜가 순종의 동기입니다.

하나님의 은혜를 충분히 이해하는 데서 나오는 동기들은 규칙을 바꾸는 것이 아니라 우리가 행하는 순종의 이유들을 바꾼다. 은혜는 우리로 하여금 하나님 사랑과 하나님의 영광을 원하는 마음으로 하나님을 섬기라고 권하며 또 그렇게 할 수 있도록 해준다. 자아 사랑이 아닌 하나님 사랑이 값없이 주어지는 은혜에 대한 감사의 반응을 유도하기 때문에 은혜는 참된 순종을 가능케 한다.[20]

하나님의 은혜와 적용은 분리될 수 없습니다. 적용은 하나님의 은혜에 근거해서만 가능합니다. 우리가 하는 적용이 은혜로우신 하나님의 온전한 성품을 드러내서 청중을 참된 순종으로 인도하기를 바랍니다.

23   설교에 예화가 필요합니까?

예화 사용을 반대하는 설교자들이 있습니다. 설교는 하나님의 말씀을 전하는 것이므로 성경만 전해야 하며 인간에게서 비롯된 예화는 사용해서는 안 된다는 주장입니다. 설교에 대한 고상한 견해를 존중하며 박수를 보냅니다. 하지만 예화 사용을 반대하는 주장에는 선뜻 동의할 수 없습니다.

도발적인 말처럼 들릴 수 있지만 성경만 전하는 설교자는 존재하시 않습니다. 성경 본문만 읽고 설교단에서 내려오는 설교자를 본 석이 있습니까? 설교자는 성경을 낭독한 후 설교단에서 내려오기 전까지, 성경 본문에 여러 가지 해설을 덧붙입니다. 어떻게 보면 그 해설의 상당 부분은 주석과 같은 참고 자료에서 왔을 것입니다. 그 해설을 성경 자체로 볼 수 있을까요? 성경 본문에 대한 '설교자'의 해설일 따름입니다. 좀 더 솔직해지면 좋겠습니다. 예화 자체가 성경이 아닌 것처럼 설교자의 해설 자체도 성경이 아닙니다. 그런데 왜 해설은 되고 예화는 안 됩니까? 문제는 본문 해설이냐 예화냐가 아닙니다. 그 내용이 얼마나 본문의 진리를 제대로 반영하느냐입니다.

설교의 본질적 임무를 수행하는 예화

설교에서 예화는 졸고 있는 청중을 깨우기 위해 뿌리는 양념 정도가 아닙니다. 예화는 본문의 진리가 청중에게 가닿게 하는 설교의 본질적 임무와 관련되어 있습니다. 최신 신경과학 연구를 설교와 접목시킨 리처드 콕스Richard Cox는 효과적인 설교자와 그렇지 못한 설교자 사이의 차이가 "묶는 능력"에 달렸다고 주장합니다. 인간의 뇌는 제공되는 새로운 정보가 이미 가지고 있는 친숙한 정보와 연관되지 않으면 거부합니다.[21] 그러므로 효과적인 설교자가 되기 위해서는 자신이 전달하는 진리를 청중이 친숙하게 여기는 정보와 묶어 내는 능력이 필요합니다.

그러면 청중에게 친숙한 정보란 무엇일까요? 청중에 따라 그들에게 친숙한 정보도 달라지겠지요. 청년과 노인이 다르고, 회사원과 전업주부가 다를 것입니다. 어떤 사람에게는 익숙한 정보가 또 다른 사람에게는 생소할 수 있습니다. 그런데 누구나 친숙하게 느낄 수 있는 정보가 있습니다. 바로 예화입니다. 예화는 삶에 관한 이야기입니다. 누구나 자신의 삶을 살아가기에 예화는 모든 사람에게 친숙한 정보입니다. 청중이 예화를 기억하고 거기에 공감하는 이유입니다. 그래서 토마스 롱은 "이야기, 이미지, 비유 및 경험은 설교를 치장하기 위한 단순한 장식품이 아니라 오히려 능동적인 의사 전달 요소다"라고 주장합니다.[22] 설교자 여러분, 진리를 예화에 연결해 보십시오. 그 진리가 청중에게 보다 효과적으로 가닿을 것입니다.

만능 뒷받침 요소인 예화

설교문의 구성 성분 가운데 뒷받침 요소가 있었습니다. 뒷받침 요소는 설교요점을 설명하고, 증명하고, 적용하여 설교요점이 청중에게 가닿게 하는 요소입니다. 예화는 그중에서도 만능 뒷받침 요소라고 할 수 있습니다. 예화가 설명, 증명, 적용 역할을 모두 할 수 있기 때문이지요. 예화의 증명 역할은 이미 앞에서 다루었기 때문에 질문 21 참조, 여기서는 설명과 적용 역할에 초점을 맞추어 간략히 살펴보겠습니다.

추상적 개념을 설명하기 위해 구체성을 이용하는 것은 이해의 기본 원리라고 할 수 있습니다. 두루뭉술한 설명만으로는 무언가 아쉽습니다. 거기에 구체적인 예화가 있으면 청중은 훨씬 쉽게 이해합니다. 예수님도 진리를 설명하기 위해 예화를 사용하는 데 주저하지 않으셨습니다. 하나님 나라가 무엇입니까? 예수님은 신학적 개념과 추상적 언어 대신 당시 어느 청중에게나 익숙한 밭에 심은 겨자씨와 가루 속에 넣은 누룩 이야기를 꺼내셨습니다. 이 예화를 통해 예수님은 하나님 나라가 지금은 미약해 보이지만 마침내 크게 성장할 것이라는 진리를 설명하셨습니다. 예화는 추상적 개념을 구체적 언어로 보여주고, 낯선 개념을 익숙한 정보와 연결시켜 청중의 이해를 돕습니다.

예화는 설명뿐 아니라 적용 역할도 할 수 있습니다. 예화는 직접 적용점을 제시하는 대신 진리가 어떤 방식으로 적용되는지 예를 보여줍니다. 청중은 그 예시 안에서 스스로 적용점을 찾을 수 있습니다. 예수님께서 들려주신 선한 사마리아인 이야기를 예로 들어보겠습니다. 예수님은 좋은 이웃이 되기 위해 이렇게 하라 저렇게 하라 말씀하지 않으셨습니다. 청중은 선한 사마리아인과 자신을 동일시하면서 좋은 이웃이 되기 위해 무엇을 해야 할지 스스로 알아차립니다. 남이 시킨 일보다 스스로 찾아서 하는 일이 동기부여가 잘 됩니다. 예화를 사용한 간접적 적용이 직접적 적용보다 강력할 수 있습니다.

예화 잘 다루기

예화는 진리를 설명하고, 증명하고, 적용합니다. 예화는 장사의 화살통에 든 화살처럼 효과적인 도구입니다. 그러나 효과적인 만큼 예리하기도 하니 조심스럽게 다루어야 합니다. 그렇지 않으면 오히려 설교와 설교자 그리고 청중에게 상처를 낼 수도 있습니다. 그래서 예화 사용에 대해 몇 가지 도움말을 드립니다.

1. 예화 자체가 목적이 아닙니다.
 진리가 주연이고 예화는 조연입니다. 설교에는 주연을 빛나게 하는 조연만 있어야 합니다. 예화가 주목받거나 예화가 너무 자주 등장해서는 안 됩니다.

2. 예화는 진리를 분명히 반영해야 합니다.
 진리와 예화의 관계는 말하지 않아도 알 수 있을 정도로 긴밀하고 명확해야 합니다. 예화가 진리와 어떻게 연결되는지 자질구레한 부연 설명이 이어져야 한다면, 그 예화는 굳이 설교에 나올 필요가 없습니다.

3. 정확하지 않은 예화는 사용하지 마십시오.
 출처나 내용이 불분명한 예화 하나가 설교 전체의 신뢰감을 떨어뜨릴 수 있습니다.

4. 다른 사람의 이야기를 자기 이야기인 것처럼 말하지 마십시오.

과욕이 설교 전체를, 더 나아가 설교자 자신을 망가뜨립니다.

5. 자신과 관련된 이야기에는 겸손이 필요합니다.
자신을 영웅으로 만들지 마십시오. 스스로 높이는 설교자는 하나님이 낮추십니다.

6. 청중의 감정을 상하게 할 수 있는 예화는 사용하지 마십시오.
청중 가운데 한 사람이라도 불편하게 느낄 만한 예화는 걸러낼 수 있는 민감함이 필요합니다. 외모, 나이, 성별, 출신 지역 등과 관련해 예민한 문제가 있을 수 있습니다.

7. 청중에게 널리 알려진 낡은 예화는 피하십시오.
차라리 안 하는 편이 낫습니다.

24 뒷받침 요소의 배열을 바꾸어 설교에 변화를 줄 수 있습니까?

뒷받침 요소는 설교요점 다음에 설명부, 증명부, 적용부의 순으로 배열되어 설교요점을 뒷받침합니다 질문 19 참조. 그러나 이 배열 순서를 바꾸어 설교에 변화를 줄 수 있습니다.

설교요점과 설명부의 순서를 바꾼다
설교요점과 뒷받침 요소의 일반적인 배열과는 달리, 다음과 같이 설명부를 먼저 배열하고 다음에 설교요점을 배열할 수 있습니다.

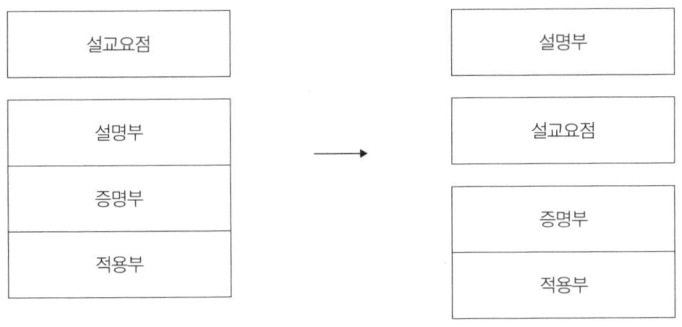

설교학계에 '귀납적 설교'에 관한 관심이 돌풍처럼 일었던 적이 있습니다. 귀납적 설교에 관한 논의의 배후에는 신학적, 해석학적 이슈가 포함되지만,[23] 여기서는 설교구조와 관련해서만 언급하겠습니다. 많은 설교학자들이 설교구조를 연역적 방식과 귀납적 방식으로 나눕니다.

두 방식의 차이점은 중심주제의 위치에 있습니다. 연역적 설교는 중심주제가 앞에 옵니다. 반면 귀납적 설교는 마지막에 중심주제를 밝힙니다. 연역적 방식은 주장이 먼저 나오고 근거가 나중에 나옵니다. 반대로 귀납적 방식은 근거가 먼저 나오고 주장이 나중에 나옵니다. 연역적 방식은 명쾌합니다. 설교자가 무엇을 말하는지 처음부터 쉽게 파악할 수 있습니다. 반면 귀납적 방식은 청중에게 몰입감과 긴장감을 제공하고 결말에서 발견의 기쁨을 느낄 수 있게 합니다.

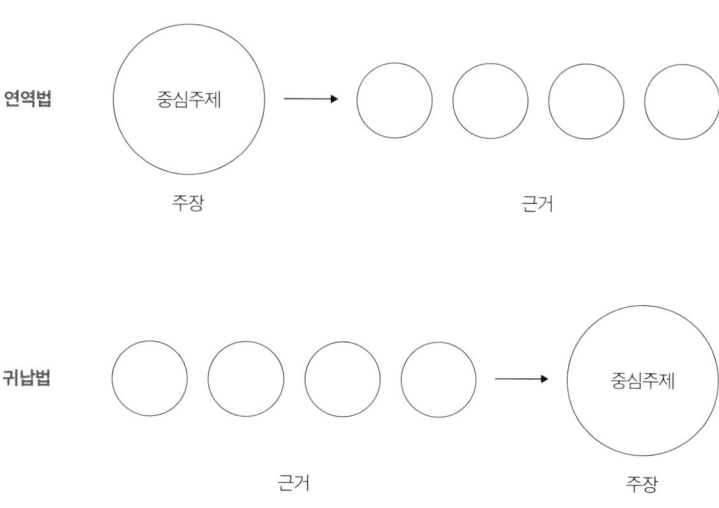

배열 순서를 바꾸어 설명부 다음에 설교요점이 나오게 되면, 설교자가 설교요점을 '주장'하기 전에 본문 설명을 통해 그 설교요점이 어떻게 나왔는지 '근거'를 먼저 제시하게 되므로 설교가 귀납적인 논리를 따르게 됩니다.[24] 이런 방식은 귀납적으로 진행되는 내러티브 본문을 설

교할 때 유용합니다.

증명부나 적용부를 제외한다

설교요점마다 모든 뒷받침 요소를 사용해야 하는 것은 아닙니다. 설명부만으로도 설교요점을 충분히 설명하고 설득할 수 있다면 증명부를 끼워 넣지 않아도 됩니다. 특히 내러티브 본문에서는 본문을 상세하게 묘사하고 진술하는 것만으로도 청중의 감정에까지 영향을 미칠 수 있습니다.

적용부도 경우에 따라 제외할 수 있습니다. 때로는 구체적인 적용이 필요 없을 때도 있으며, 설교요점 하나에서 적용을 끌어내는 것보다 다음 요점에서 한데 모아 적용을 제시하는 것이 더 효과적일 때도 있습니다.

적용을 마지막에 한 번만 제시한다

적용을 끝까지 아껴두었다가 설교의 결론부에서 한 번에 제시할 수 있습니다. 적용이 설교 중간중간에 나오는 경우 설교의 맥을 끊을 수 있는데, 이렇게 하면 설교 흐름이 물 흐르듯 매끄럽게 진행됩니다. 또한 적용을 나누지 않고 뭉쳐서 한번에 제시하는 만큼 청중에게 강한 인상을 주며 큰 영향을 미칩니다. 청중으로서는 마지막에 나오는 적용이 설교의 절정처럼 인식되기 때문에 귀납적 설교를 들은 것처럼 느낄 수 있습니다. 진행배열된 설교에서 이 방식을 사용하면 더 큰 효과를 볼 수 있습니다.

서론

설교요점	설교요점	설교요점
설명부	설명부	설명부
증명부	증명부	증명부

적용부

결론

그렇다고 적용을 마지막에 한번에 제시하는 방식이 장점만 있는 것은 아닙니다. 이 방식에 대해 우려를 표하는 설교학자도 있습니다.

초보 설교자들은 본문의 진리를 규칙적으로 자주 증명하고 적용하는 설교에 성도들이 더 집중한다는 사실을 발견하게 될 것이다. 오늘날 성도들이 자신의 삶과 관련있는 말씀, 즉 설교 마지막 부분에 잠깐(약 5분) 언급되는 말씀을 듣기 위해서 25분 동안 앉아서 기다릴 것이라고 생각하는 것은 잘못된 생각이다.[25]

완벽한 방식은 없습니다. 설교자는 다양한 선택지가 있다는 사실을 알고, 적절한 방식을 사용하여 설교에 변화를 주면 됩니다.

뒷받침 요소는 서로 혼합될 수 있다

뒷받침 요소는 서로 혼합될 수 있습니다. 경험이 쌓이고 설교가 숙련됨에 따라, 뒷받침 요소가 서로 의존하면서도 구분되지 않을 수 있다는 사실을 알게 됩니다. 적용이 청중의 이해를 돕고, 증명이 적용처럼 보일 때도 있으며, 설명 자체가 적용 역할을 하기도 합니다.[26] 그러나 초보 설교자는 설명부, 증명부, 적용부를 정확히 구분해서 설교문을 쓰는 훈련을 해야 합니다. 절제된 훈련을 통해 뒷받침 요소를 자유자재로 사용할 수 있는 설교자가 될 수 있습니다.

25 설교를 어떻게 시작해야 합니까?

A는 지적이다. A는 부지런하다. A는 충동적이다. A는 비판적이다. A는 고집이 세다. A는 질투심이 강하다.

B는 질투심이 강하다. B는 고집이 세다. B는 비판적이다. B는 충동적이다. B는 부지런하다. B는 지적이다.

A와 B, 두 사람 중 누구에게 더 호감이 갑니까? 눈썰미 있는 분은 이미 알아챘을지도 모르겠습니다. 사실 두 사람에 대한 정보는 다르지 않습니다. 순서만 바꿨을 뿐입니다. 그런데 사람들은 일반적으로 부정적인 정보를 먼저 접한 B보다는 긍정적인 정보를 먼저 접한 A에게 더 호감을 느낀다고 합니다.

바로 '초두初頭 효과' 때문입니다. 초두 효과란 어떤 사람에 대한 정보가 시간 차이를 두고 주어질 때, 앞에 주어진 정보가 뒤에 주어진 정보보다 인상 형성에 더 크게 영향을 미치는 현상을 말합니다. 심리학자들은 초두 효과가 생기는 이유를 심리적 일관성에서 찾습니다. 사람들은 일관성을 유지하기 위해 처음 받았던 정보와 일치하지 않는 정보가 들어오면 처음 정보에 근거해 뒤에 들어온 정보를 바꾸거나 없애버립니다.[27] 그만큼 첫인상이 중요하다는 말이지요. 설교에서 첫인상은 서론입니다.

청중의 관심을 붙잡으라

좋은 서론은 세 가지 역할을 합니다. 먼저, 청중의 관심을 붙잡습니다. 여러 설교학 교과서에서 서론의 역할이 청중의 관심을 '끄는' 데 있다고 설명합니다. 청중의 흥미를 돋우어 그들이 설교를 듣게 만드는 것이 효과적인 서론이라는 뜻이겠지요. 그러나 토마스 롱이 지적하는 것처럼, 서론의 역할에 대한 이러한 견해는 청중에 대한 비관적인 가정에서 비롯된 것으로 보입니다. 과연 청중은 설교자가 관심을 유도해야만 설교를 듣는 존재일까요? 그렇지 않습니다. 청중은 설교자가 관심을 끌기 전에 이미 하나님의 말씀을 듣겠다는 기대와 소망을 품고 예배당에 나왔습니다.

> 설교의 은혜 가운데 하나는 비록 설교에 대해 자주 실망한 적이 있다고 하더라도 청중은 매번 새로운 설교를 들을 때마다 오늘은 자신에게 꼭 필요한 중요한 말씀을 들을 수 있을 것이라고 생각하며 설교를 듣는다는 것이다.[28]

청중의 관심을 끌지 못한 채 시작하는 설교는 없습니다. 설교단에 오르는 행위만으로 모든 청중은 설교자에게 이목을 집중합니다. 은혜가 값없이 주어지는 것처럼, 청중의 관심은 설교자가 애쓰지 않아도 주어집니다. 따라서 서론은 청중의 흥미를 끄는 역할이 아니라 설교자에게 이미 주어진 청중의 관심을 '붙잡는' 역할을 한다고 할 수 있습니다.

사람의 관심은 좀처럼 끊어지지 않는 탄소 섬유가 아니라 쉽게 끊어지는 무명실에 가깝습니다. 주변 상황에 따라 이리저리 흔들리기도하고, 정말 끊어져버리기도 합니다. 청중도 크게 다르지 않습니다. 하나님의 말씀을 들으려는 마음으로 예배당에 왔더라도 그 기대와 관심이 아무런 노력 없이 끝까지 유지될 수 있는 것은 아닙니다. 청중은 설교를 제대로 듣기 위해 노력해야 합니다.[29] 하지만 이 노력이 청중만의 몫은 아닙니다. 설교자 또한 청중의 관심이 지속될 수 있도록 협력해야 합니다. 설교 전체가 청중이 설교에 집중할 수 있도록 이바지해야 합니다. 그중에서도 이러한 역할이 가장 두드러져야 하는 부분이 바로 서론입니다. 서론은 청중의 관심을 붙잡아야 합니다.

설교주제를 소개하라

청중의 흥미만 끌다가 끝나는 서론은 울리는 꽹과리처럼 공허합니다. 흥미로운 서론이 있어야 하는 이유는 흥미 자체를 위해서가 아니라 더 고상한 목표가 있기 때문입니다. 그 목표는 설교주제를 청중에게 이끄는 것입니다. 서론은 설교주제를 끌어와 청중에게 소개합니다.

설교주제를 소개할 때 잊지 말아야 할 것이 있습니다. 소개가 과해서는 안 됩니다. 세례 요한의 역할은 예수님의 길을 예비하는 것이지 예수님의 역할을 대신하는 것이 아닌 것과 같습니다. 본격적으로 설교주제를 밝히는 것은 서론이 아니라 본론의 역할입니다. 서론은 설교주제를 '소개'하는 역할로 만족해야 합니다. 그러면 어느 정도 소개하는 것이 좋을까요? 그것은 설교 구조가 병행배열인지 진행배열인지에 따라 달라집니다.

병행배열 설교의 서론에서는 설교주제를 질문-대답 형식으로 바꾸어 청중에게 질문을 제기할 수 있는 정도면 적당합니다. 데살로니가

전서 5:16-18로 예를 들면, 서론에서는 "우리를 향한 하나님의 뜻이 무엇입니까?"까지만 말하면 됩니다. 요점을 말하는 것은 본론의 역할입니다.

[서론] 우리를 향한 하나님의 뜻이 무엇입니까?
[본론] 1. 항상 기뻐하는 것입니다.
2. 쉬지 말고 기도하는 것입니다.
3. 범사에 감사하는 것입니다.

진행배열 설교는 병행배열 설교에 비해 서론에서 설교주제의 소개에 대한 비중이 낮습니다. 진행배열 설교의 서론은 설교 전체를 염두에 두기보다는 바로 다음 단계인 첫 번째 요점과 직접 연결되도록 고안되기 때문이지요. 그렇게 해야 서론이 설교 전체의 흐름을 방해하지 않습니다.

청중의 필요와 연결하라

설교는 청중의 삶과 밀착되어야 합니다. 그래야 설교입니다. 전통적인 청교도 설교는 본문을 모두 다루고 나서야 비로소 본문과 삶의 연관성을 드러냈습니다.³⁰ 하지만 설교 마지막까지 기다리지 마십시오. 설교가 청중의 삶과 긴밀히 맞닿아 있다는 사실은 빨리 드러날수록 좋습니다. 현대인들은 그 당시 사람들과는 달리 참을성이 부족합니다. 해돈 로빈슨은 "설교의 첫 부분에서부터 청중은 설교자가 그들 자신에 대해 말하고 있다는 사실을 깨달아야 한다"고 주장합니다.³¹ 서론에서부터 설교주제가 청중이 삶 속에서 해결해야 할 필요와 맞닿아 있다는 사실을 보여주어야 합니다.질문 11 참조. 좋은 서론은 청중의 필요를 드러내고, 본론이 바로 그 필요를 해결해 줄 것이라고 약속합니다.

26 설교는 어떻게 끝내야 합니까?

'화룡점정畵龍點睛'이라는 말이 있습니다. 용의 눈에 눈동자를 제대로 찍어야 용이 승천합니다. 끝맺음이 그만큼 중요하다는 것이지요. 끝맺음을 제대로 못하면 '용두사미龍頭蛇尾'가 되고 맙니다. 설교도 마찬가지입니다.

설교주제를 요약, 정리, 반복하라
글쓰기나 말하기 전문가들이 아리스토텔레스가 한 말이라며 종종 인용하는 경구가 있습니다.

> 무엇을 말할지 말하라.
> 그것을 말하라.
> 무엇을 말했는지 말하라.

이 경구가 정말 아리스토텔레스에게서 왔는지는 의문스럽지만,[32] 서론, 본론, 결론의 역할을 이처럼 분명하게 보여주는 격언은 찾기 힘듭니다.

이 경구에 따르면 결론은 무엇을 말했는지 정리하는 부분입니다. 여기서는 본론에 언급되지 않았던 새로운 개념을 소개해서는 안 됩니다. 결론에서는 본론에서 말했던 설교요점을 정리하고, 설교주제를 요약해야 합니다. 본론에서 말했던 내용을 반복해서 말하는 것이 결론의 역할입니다. 반복을 통해 청중의 머리에 진리를 각인시키는 것이지요. 운동화 끈을 동여매듯, 망치로 못질을 하듯 야무지고 단단하게 박아야 합니다. 설교주제를 말로만 반복할 것이 아니라, 관련된 이미지를 사용해서 반복해 보십시오. 도움이 될 것입니다 질문 11 참조. 한 번만 말해도 충분한 진리는 없습니다. 그 때문에 결론이 있습니다. 결론에서는 본론에서 말했던 진리를 요약하고 정리하여 다시 말합니다.

순종을 촉구하라

하나님의 말씀은 청중에게 순종을 요구합니다. 설교주제 속에 청중의 반응을 포함한 것도, 또 본론에서 적용을 포함한 것도 모두 청중이 말씀에 응답하도록 하기 위해서입니다. 설교는 처음부터 끝까지 청중의 순종을 그 목표로 삼습니다.

    결론은 지금까지 해 온 이 시도를 더 강화해야 하는 부분입니다. 존 스토트는 "설교가 끝나면서 우리가 기대하는 것은 청중이 우리의 가르침을 이해하거나, 기억하거나, 기뻐하는 것이 아니라, 우리의 가르침과 관련하여 청중이 무엇인가를 행하는 것이다"[33]라고 말했습니다. 이번이 마지막 기회입니다. 결론이 끝나면 더 이상 청중에게 순종을 요구할 수 없습니다. 바로 여기 결론에서 청중에게 들은 것을 행하라고 촉구해야 합니다.

완전히 끝내라

결론은 이름 그대로 결론이 되어야 합니다. 청중은 결론에서 설교가 완전히 끝났다는 느낌을 받아야 합니다. 다음 설교에서 계속하겠다고 하면서 흐지부지하게 결론을 맺는 것은 청중에 대한 예의가 아닙니다. 그들 중에는 다음번 예배에 올 수 없는 사람도 있습니다. 한 편의 설교는 그 자체로 완결성을 지녀야 합니다. 결론에서는 설교를 완전히 마무리해야 합니다.

27 전환 요소가 무엇입니까?

지금은 보기 쉽지 않지만, 예전에는 차량에 거의 대부분 수동변속기가 장착되어 있었습니다. 차량 속도에 맞게 수동변속기를 제때 전환해야 했지요. 변속기 전환을 못 하면 차가 덜커덩거리거나 시동이 꺼지고 차가 멈추기도 했습니다. 설교에도 수동변속기를 조작하는 것처럼 전환이 필요한 지점이 있습니다.

1. 서론에서 본론으로 넘어가는 지점
2. 본론의 한 단락에서 다음 단락으로 넘어가는 지점
3. 본론에서 결론으로 넘어가는 지점

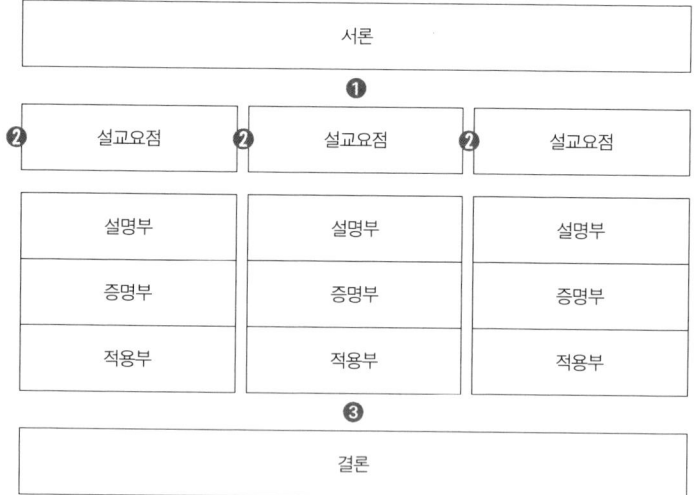

이 지점에서 전환이 제대로 이루어지지 않으면, 설교도 덜커덩거리거나 끝까지 가지 못하고 멈춰버립니다. 물론 설교자의 입에서 설교가 멈추지는 않습니다. 하지만 청중의 머릿속에서는 설교가 매끄럽게 진행되지 않거나 멈추기도 합니다.

설교 진행에 필수적인 전환 요소

설교에는 전환 요소가 필요합니다. 전환 요소는 벌어져 있는 논리적 틈을 메우는 역할을 합니다. 설교에 전환 요소가 있어야 청중의 머릿속에서 끊기지 않고 쭉쭉 뻗어 나갑니다. 전환 요소는 설교가 어려움 없이 진행되기 위한 필수 도구입니다. 설교 진행은 전환 요소의 주된 역할입니다.

여기에 덧붙여 전환 요소는 종류에 따라 여러 다양한 역할을 합니다. 앞서 다루었던 디도서 1:5-9을 통해 전환 요소의 다른 역할들에 대해 알아보겠습니다. 디도서 1:5-9의 설교개요는 다음과 같습니다.

우리는 어떤 사람을 직분자로 세워야 하는가?
1. 우리는 가정의 일에 책망할 것이 없는 자를 세워야 한다.
2. 우리는 책망할 것이 없는 성품을 가진 자를 세워야 한다.
3. 우리는 말씀의 가르침에 헌신한 자를 세워야 한다.

설교주제를 언급하는 전환 요소

'설교주제를 언급하는 전환 요소'가 있습니다. 이 전환 요소는 다른 모든 전환 요소처럼 설교 진행에 도움이 될 뿐 아니라, 설교에 통일성을 부여합니다. 적절한 지점에서 반복되는 설교주제를 통해 청중은 설교 전체가 무엇을 말하는지 쉽게 이해할 수 있습니다.

아래는 디도서 1:5-9의 설교개요에 근거해 간략히 작성한 설교 서론인데, 설교주제를 언급하는 전환 요소에 관한 예를 보여줍니다.

예배 후에 직분자를 선출하는 투표가 있습니다. 교회 직분자는 매우 중요합니다. 그런 만큼 한 사람의 독단적인 결정으로 직분자를 세울 수는 없습니다. 교회의 직분자는 교인들이 함께 투표해서 세웁니다. [전환 요소] 그러면 우리는 어떤 사람을 직분자로 세워야 합니까? [전환 요소] 오늘 본문을 통해 어떤 사람을 직분자로 세워야 할지 알아보겠습니다.

서론 끝에 있는 것이 설교주제를 언급하는 전환 요소입니다. 본론에서 말할 설교주제를 미리 언급하여 서론과 본론 사이의 연결이 매끄럽습니다. 반복되는 설교주제는 청중의 머릿속에 설교주제를 각인하므로 설교가 무엇을 중심으로 통일되어 있는지 청중이 이해하기 쉽습니다. 위의 예에서 확인할 수 있는 것처럼, 설교주제를 언급하는 전환 요소는 의문문이 될 수도 있고 평서문이 될 수도 있습니다. 한 설교에서 의문문과 평서문을 모두 사용할 수도 있습니다.

설교주제를 말하는 전환 요소는 서론과 본론 사이만이 아니라, 본론에서 한 단락이 다음 단락으로 넘어가는 지점에서도 사용할 수 있습니다.

1. 우리는 가정에서 책망할 것이 없는 자를 세워야 한다.

[전환 요소] 우리는 어떤 사람을 직분자로 세워야 합니까?
2. 우리는 책망할 것이 없는 성품을 가진 자를 세워야 한다.

[전환 요소] 우리는 어떤 사람을 직분자로 세워야 합니까?
3. 우리는 말씀의 가르침에 헌신된 자를 세워야 한다.

이 전환 요소도 앞의 전환 요소와 그 역할이 다르지 않습니다. 한 단락이 다음 단락으로 무리 없이 넘어가도록 하고, 설교주제를 반복하여 통일성 있는 설교를 만드는 데 이바지합니다.

이정표 역할을 하는 전환 요소
'이정표 역할을 하는 전환 요소'가 있습니다. 여행객들은 이정표를 통해 그들이 어디에 있는지 그리고 도착하려면 얼마나 더 가야 하는지 알 수 있습니다. 설교에도 이정표처럼 지금 자신이 어디만큼 왔는지 설교가 어느 정도 진행되었는지 청중에게 알려 주는 전환 요소가 있습니다. 이와 같은 전환 요소에는 '첫째', '둘째', '셋째' 또는 '먼저', '다음으로', '마지막으로'와 같은 표현이 포함됩니다. 별것 아닌 것처럼 보이는 이 이정표들이 청중에게는 얼마나 큰 도움이 되는지 모릅니다.

요약하고 소개하는 전환 요소
앞 단락을 요약하고 다음 단락을 소개하는 전환 요소도 있습니다. '요약하고 소개하는 전환 요소'를 통해 청중은 단락과 단락 사이에서 곁길로 새지 않고 설교를 따라갈 수 있습니다.

사실 다음 단락으로 넘어갈 때면, 청중은 앞 단락의 요점을 들은 지 꽤 오랜 시간이 흘렀을 것입니다. 그러면 안 되겠지만, 그때쯤이면 청중에게는 앞 단락의 요점이 무엇이었는지 가물가물할 수 있습니다. 바로 이때 필요한 것이 앞 단락 요점을 요약하는 전환 요소입니다. 요약하는 전환 요소는 청중이 앞 단락 요점을 떠올릴 수 있게 합니다. 여기에 덧붙여, 다음 단락 요점을 미리 소개하는 전환 요소도 필요합니다. 드라마나 영화의 예고편처럼 미리 청중의 마음을 준비시키기 위해서입니다.

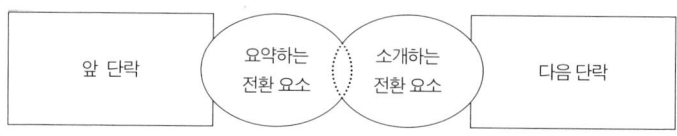

단락과 단락 사이를 '요약하고 소개하는 전환 요소'가 끈끈하게 붙잡고 있는 형태입니다. 이렇게 될 때, 청중은 앞 단락과 다음 단락이 논리적으로 어떻게 연결되는지 명쾌하게 이해합니다. 요약하고 소개하는 전환 요소를 사용하는 것은 요점과 요점 사이에 잘 닦인 길을 놓는 것과 같습니다. 이 길이 있어야 청중이 설교를 잘 따라갈 수 있습니다.

1. 우리는 가정에서 책망할 것이 없는 자를 세워야 한다.

   [요약하는 전환 요소] 직분자는 가정에서 책망할 것이 없는 사람이어

야 합니다. **[소개하는 전환 요소]** 하지만 가정에서의 삶이 직분자를 판단하는 유일한 기준은 아닙니다. 직분자를 판단하는 또 다른 기준이 있습니다. 그것은 바로 성품과 관련된 문제입니다.

2. 우리는 책망할 것이 없는 성품을 가진 자를 세워야 한다.

[요약하는 전환 요소] 직분자는 책망할 것이 없는 성품을 가져야 합니다. **[소개하는 전환 요소]** 하지만 이것으로 끝이 아닙니다. 직분자의 길은 멀고도 험합니다. 직분자가 교회의 직분자라는 것을 잘 보여주는 중요한 기준이 있습니다.

3. 우리는 말씀의 가르침에 헌신된 자를 세워야 한다.

전환 요소로 갈라진 틈을 메웁시다. 이정표도 세우고, 길도 잘 닦읍시다. 그렇게 해야 청중은 덜컹거리거나 멈추지 않고 마침내 목적지에 도착하게 됩니다.

28 설교문은 어떻게 다듬습니까?

모든 글이 마찬가지지만 설교도 다듬어야 합니다. 다듬는 만큼 좋은 글이 나오듯이 다듬는 만큼 좋은 설교문이 나옵니다. 설교문을 다듬는 과정에서 꼭 기억해야 할 것이 있습니다. 설교의 본질은 글이 아니고 말입니다. 우리는 설교문을 글로 쓰지만 말로 전합니다. 설교는 소리를 입고 이 세상에 태어납니다. 루터는 교회는 "펜의 집이 아니라 입의 집"이라고 주장했습니다. 설교자는 설교'문'을 설교'언'으로 다듬어야 합니다.

말과 글의 차이

글을 말로 자연스럽게 바꾸려면, 글과 말이 어떤 차이를 가지고 있는지 이해할 필요가 있습니다. 글은 종이 위에 활자로 존재합니다. 독자는 자기가 이해하는 속도에 맞추어 읽는 속도를 스스로 조절할 수 있습니다. 게다가 제대로 이해되지 않았다 싶으면 앞으로 돌아가서 다시 읽을 수도 있습니다. 그러나 말은 글과 달리 휘발성이 강합니다. 말은 증발합니다. 한 번 말하면 그것으로 끝입니다. 다시 잡을 수 없습니다. 그 때문에 복잡한 글은 받아줄 수 있어도 복잡한 말은 받아줄 수 없는 것입니다. 말은 글보다 더 명료해야 합니다. 다음은 명료한 설교문으로 다듬기 위해 기억해야 할 최소한의 원칙입니다.

1) 문장은 짧게

긴 문장이 계속 연결되면 청중이 이해하기 어렵습니다. 그러므로 긴 문장은 짧게 고쳐야 합니다. 짤막짤막한 단문이 명료한 설교문을 만듭니다. 명료한 설교문에 더하여, 단문 사용을 통해 얻을 수 있는 두 가지 좋은 점이 더 있습니다.

첫째, 복잡한 문장이 아니기 때문에 문법적으로 틀릴 일이 별로 없습니다. 문법적으로 정확하지 않은 문장을 자주 사용하는 설교자에게 청중의 신뢰감은 떨어질 수밖에 없습니다. 짧은 문장은 문법에 대한 고민을 덜어줍니다.

둘째, 설교자가 읽을 때 리듬감이 생깁니다. 시조나 판소리를 생각해 보십시오. 시조나 판소리가 읽고 듣는 맛이 있는 것은 바로 리듬이 있기 때문입니다. 단문을 쓰면 우리말이 가지고 있는 리듬감을 살릴 수 있습니다. 리듬감 있는 말이 설교자가 읽기에 편하고 또 청중의 귀에도 꽂힙니다.

2) 단어와 표현은 쉽게

모든 전문 분야에는 그 분야 사람들에게만 통용되는 전문 용어가 있습니다. 일반인들에게 이러한 전문 용어는 이해하기 어려운 '그들만의 언어'입니다. 어떻게 보면 설교자들이 무심코 쓰는 단어나 표현 중에서도 청중의 관점에서는 자기네들만 이해하는 언어가 있을 수 있습니다. 청중은 전문적인 신학 교육을 받은 사람들이 아닙니다. 19세기 위대한 설교자였던 J. C. 라일Ryle은 『단순하게 설교하라』에서 다음과 같이 충고합니다.

대중이 일상에서 쓰고 이해할 수 있다면 괜찮습니다. 많이 못 배운 사람들이 열등감을 느끼며 '사전'을 찾아봐야 알 수 있는 단어는 사용하지 않도록 하십시오. 이를테면 추상적인 단어나 전문 용어나 현학적인 표현이나 이해하기 어려운 말이나 긴 단어는 가급적 사용하지 마십시오. 세련되고 유식하게 들릴지 몰라도 설교를 전달하는 데는 별로 도움이 되지 않습니다. 설교에서는 대개 단순하고 간단한 말이 가장 유용하고 강력합니다.[34]

설교 언어는 낯선 언어가 아니라 누구나 쉽게 이해할 수 있는 일상 언어여야 합니다. 그러므로 설교문에 나오는 단어나 표현은 되도록 쉽게 고쳐야 합니다. 명료함은 단순함에서 나옵니다.

쉽고 단순한 설교가 설교자 편에서는 더 어렵습니다. 고치고 또 고치고, 다듬고 또 다듬어야 하기 때문입니다. 쉽고 단순한 설교는 많은 수고를 통해 나옵니다. 하지만 설교자에게 어려운 길이 청중에게는 쉬운 길입니다. 그러므로 설교문은 가능한 한 쉽게 다듬으십시오.

3) 그리고 반복

글쓰기 전문가들이 퇴고 과정에서 반드시 거쳐야 하는 작업으로 강조하는 것이 있습니다. 그것은 중복된 내용을 삭제하라는 것입니다. 글쓰기에서는 반복을 추천하지 않습니다.

그러나 설교는 상황이 다릅니다. 앞서 말한 것처럼 설교문은 가능한 한 쉽게 써야 합니다. 물론 그래도 설교문에는 어려운 내용이 포함될 수 있습니다. 설교가 언제나 쉬운 내용만 다룰 수는 없습니다. 그러면 어떻게 할까요? 글이 어려워서 제대로 이해되지 않으면 독자는 돌아가서 다시 읽습니다. 하지만 청중은 돌아갈 곳이 없습니다. 설교자의 입에서 나온 말은 이미 허공으로 사라졌습니다. 독자가 글을 더 잘 이해하기 위해 다시 돌아가서 읽는 이 자연스러운 행위는, 청중은 결코 누릴 수 없는 사치입니다. 하지만 지혜로운 설교자는 반복을 통해 청중에게 이 사치를 선물할 수 있습니다. 반복은 청중에게 독자가 다시 읽는 것과 같은 효과를 주기 위해 다시 들려주는 것입니다.

어려운 곳에만 반복이 필요한 것은 아닙니다. 반복은 중요한 곳에서도 필요합니다. 저자는 중요한 내용에 밑줄을 긋거나, 글자를 두껍게 하거나, 심지어 글자색을 바꾸어 강조할 수 있습니다. 그러나 이 모든 도구가 설교에서는 무용지물입니다. 설교자가 가지고 있는 하이라이트는 반복입니다.

어려운 내용과 중요한 내용은 꼭 반복하십시오. 그대로 반복해도 나쁘지 않겠지만 표현을 바꿔서 paraphrase 반복하면 더 좋은 효과를 낼 수 있습니다. 반복이 명료한 설교를 만듭니다. 다시 반복합니다. 설교에는 반복이 필요합니다.

말로 읽으며 다듬기

소리 내서 읽으면서 다듬기를 추천합니다. 눈으로 읽는 것보다 소리 내어 읽다 보면 읽기 거북한 문장을 보다 쉽게 골라낼 수 있습니다. 읽기 어려운 문장은 입이 느낍니다. 그러므로 낭독을 통해 물처럼 막힘없이 흐르는 문장을 만드십시오.

낭독의 효과는 설교문을 다듬는 것으로 끝나지 않습니다. 낭독은 효과적인 설교 전달을 위한 연습도 됩니다. 그러니 여러 번 소리 내서 설교문을 읽으십시오. 읽는 만큼 설교문은 더 명료해지고, 읽는 만큼 설교자는 설교단에서 더 자연스러워집니다.

설교의 본질은 글이 아니고 말입니다. 손으로 쓴 설교문이 설교자의 입을 위한 설교문이 될 때까지 그리고 청중의 귀를 위한 설교문이 될 때까지 다듬고 또 다듬으십시오.

설교문 예시　　영적 부흥과 갱신을 위하여(느 8:1-12)

[서론] 얼마 전에 한 신학생이 저에게 이런 말을 했습니다. "저희는 지고 있는 전쟁에 참전하기 위해 훈련받고 있는 군인 같습니다." 이 말을 듣는 순간, 마음이 아팠습니다. 제자들이 앞으로 직면해야 할 상황이 안타까워서 마음이 아팠습니다. 그렇지 않다고, 자네가 잘못 알고 있는 것이라고, 우리 한국교회의 현실이 생각보다 나쁘지 않다고 말할 수 없어서 마음이 아팠습니다.

한국교회의 위기는 어제오늘의 일이 아닙니다. 한국교회는 이미 성장을 멈췄습니다. 오히려 이제는 교인 수가 줄고 있습니다. 젊은이들이 교회를 떠납니다. 영적으로도 침체한 교회들이 많습니다. 활기 있는 교회를 찾아보기가 쉽지 않습니다. 한국교회를 향한 교회 밖 시선도 곱지 못합니다. 대사회적인 영향력도 잃어가고 있습니다. 한국교회는 침체와 패배감에 빠졌습니다.

이런 상황에서 한국교회에 필요한 것이 대체 무엇일까요? 우리에게 필요한 것은 바로 영적 부흥과 갱신입니다. 18세기 미국에서 하나님께서 내리시는 부흥을 경험했던 청교도 목사 조나단 에드워즈는 이렇게 말했습니다. "그것[부흥]은 마치 맑고 푸른 하늘에 내려지는 벼락과 같이 졸고 있는 교회들 위에 쏟아져 내렸다."[1]

우리에게도 하나님께서 내리시는 부흥이 필요합니다. 침체와 패배감이라는 잠 속에 빠진 한국교회를 흔들어 깨울 부흥이 필요합니다.

[전환 요소] 그러면 도대체 무엇이 한국교회에 영적 부흥과 갱신을 가져다줄 수 있습니까?

[설명부] 1절 말씀을 읽어 보겠습니다. "이스라엘 자손이 자기들의 성읍에 거주하였더니 일곱째 달에 이르러 모든 백성이 일제히 수문 앞 광장에 모여 학사 에스라에게 여호와께서 이스라엘에게 명령하신 모세의 율법책을 가져오기를 청하매."

느헤미야와 유다 백성은 고생 끝에 무너진 예루살렘 성벽을 다시 세웠습니다. 하지만 성벽이 다시 세워졌다고 해서 예루살렘 성이 완전히 재건되었다고 말할 수는 없습니다. 벽돌과 회반죽 자체에 소망이 있는 것은 아닙니다. 예루살렘 성의 완전한 재건을 위해서 절대적으로 필요한 것이 있었습니다. 그것은 재건된 예루살렘 성에서 살아갈 유다 백성의 영적 부흥과 갱신입니다.

지금 수문 앞 광장에 모여 있는 유다 백성은 명목상 하나님의 백성입니다. 혈통은 유대인이었을지 몰라도 그들의 내면은, 그들의 영적인 상태는 하나님의 백성이라 부를 수 없는 형편이었습니다. 150년이라는 긴 세월 동안 이방 나라에서 포로로 지냈습니다. 이방 사회와 이방 문화 속에서, 하나님의 백성이라는 정체성을 잊은 지 오래입니다. 혈통만 유대인이었지 그들의 내면은, 그들의 영적인 상태는 이방인과 다름이 없었습니다. 그러나 재건된 예루살렘 성에는 참된 유대인, 하나님의 신실한 백성만이 필요합니다. 그러므로 그들에게는 영적 부흥과 갱신이 있어야만 했습니다.

그러면 무엇이 부흥과 갱신을 가져다줍니까? 지금 수문 앞 광장에 모여 있는 유다 백성이 자신들의 영적 부흥과 갱신을 위해 필요하다고 생각한 것이 무엇입니까? 그것은 다름 아닌 모세의 율법책이었습니다. 그것은 바로 하나님의 말씀이었습니다. 그들은 하나님의 말씀을 가져와 달라고 부탁했습니다. "모세의 율법책을 가져오기를 청하매."

[요점] 영적 부흥과 갱신은 하나님의 말씀으로부터 시작합니다.[2]

[증명부] 느헤미야의 때만이 아닙니다. 어느 시대이든지 영적 부흥과 갱신은 하나님의 말씀으로부터 시작합니다. 16세기에 일어났던 종교개혁도 마찬가지입니다. 중세 교회는 성경보다는 교회 전통에 무게를 두었습니다. 하나님의 말씀보다는 교황과 종교회의의 결정에 집중했습니다. 그러니 교회가 힘을 잃고 허약해질 수밖에 없었습니다. 그러나 종교개혁자들은 하나님의 말씀인 성경이 인간의 말인 교회 전통이나 교황의 명령보다 뛰어나다고 확신했습니다. 루터는 막강한 권세를 가진 교황과 대항해 어떻게 종교개혁을 이룰 수 있느냐고 묻는 사람들에게 이렇게 대답했습니다. "나는 면죄부를 비롯해 교황절대주의자들 모두에게 반대했지만, 완력으로 그렇게 하지는 않았다. 나는 그저 하나님의 말씀을 가르치고, 설교하고, 기록했다. 그것 말고는 아무것도 한 것이 없다."[3] 루터를 비롯한 개혁자들은 하나님의 말씀을 가르치고, 하나님의 말씀을 설교했습니다. 그들은 "오직 성경"을 부르짖었습니다. 그러니 부흥과 갱신이 일어나지 않을 수 없었습니다. 왜 그렇습니까? 영적 부흥과 갱신은 하나님의 말씀으로부터 시작하기 때문입니다.

[적용부] 없음.⁴

[전환 요소] 부흥과 갱신은 하나님의 말씀으로부터 시작합니다. 그렇다면 이 사실이 우리에게 가르치는 것이 무엇입니까?

[요점] 우리는 하나님의 말씀을 사모하고 말씀을 귀하게 여겨야 합니다.

[설명부] 다행스럽게도, 기원전 5세기 중엽의 느헤미야와 유다 백성은 중세 교회가 걸었던 길을 가지 않았습니다. 유다 백성은 하나님의 말씀을 사모했습니다. 그들이 얼마나 말씀을 사모했는지는 본문이 우리에게 충분히 보여줍니다. 3절을 보십시오. "수문 앞 광장에서 새벽부터 정오까지 남자나 여자나 알아들을 만한 모든 사람 앞에서 읽으매 뭇 백성이 그 율법책에 귀를 기울였는데." 에스라는 백성들 앞에서 새벽부터 정오까지 성경을 읽었습니다. 새벽부터 정오가 정확히 몇 시간인지는 알 수 없지만, 적어도 네댓 시간은 될 것입니다. 그 긴 시간 동안 유다 백성은 성경 말씀에 귀를 기울였습니다.

그뿐만이 아닙니다. 5절을 보십시오. "에스라가 모든 백성 위에 서서 그들 목전에 책을 펴니 책을 펼 때에 모든 백성이 일어서니라." 에스라가 말씀을 폈을 때, 유다 백성은 자리에서 일어섰습니다. 말씀을 펼 때 자리에서 일어서는 것이 무슨 의미일까요? 우리도 존경하는 어른이 들어오실 때는 자리에서 일어납니다. 마찬가지입니다. 말씀을 펼 때 자리에서 일어서는 것은 말씀을 존중한다는 의미입니다. 말씀을 귀하게 여긴다는 표현입니다. 그들은 말씀을 귀하게 여겼습니다.

[증명부] 우리 한국교회는 오래전부터 말씀을 사모하고 말씀을 귀하게 여기는 교회였습니다. 한국교회가 세워지고 얼마 되지 않아 생긴 전통이 하나 있는데, 그것은 바로 사경회查經會라는 전통이었습니다. 사경회를 의미 그대로 푼다면, 성경을 주의 깊게 살피는 모임이라고 할 수 있습니다. 요즘은 사경회 전통이 사라지고 있을 뿐 아니라, 사경회를 한다고 해도 보통 이틀, 길어도 사흘 정도입니다. 하지만 초기 한국교회의 사경회는 아무리 짧아도 일주일이었고 길면 보름이었다고 합니다. 초기 한국교회 교인들은 자신의 이불과 양식을 짊어지고 수백 리 길을 걸어서 사경회에 참석하곤 했습니다. 한국교회 교인들의 사경회에 대한 열심을 본 평양에서 선교하던 방위량William Blair은 이렇게 말했습니다. "마치 유대인들이 유월절을 지키듯 한국 교인들은 그때만 되면 모든 일상생활을 접어 두고 오직 성경공부와 기도에만 전념합니다. 이같이 성경공부에만 전념한 결과 교회 전체가 단합되어 사랑과 봉사로 이루어지는 진정한 부흥이 가능케 되었습니다. 이 점에서만큼은 미국도 한국을 본받아야 할 것입니다."[5] 그래도 지금까지 한국교회가 이만큼 부흥하고 성장한 것은 말씀을 사모하고 말씀을 귀하게 여겼던 우리 믿음의 선배들이 있었기 때문입니다. 말씀을 사모하는 열심 때문에 양식과 이불을 짊어지고 수백 리 길을 걸었던 믿음의 선배들이 있었기 때문입니다.

[적용부] 형제자매 여러분, 이제 우리 차례입니다. 우리도 말씀을 사모합시다. 우리도 말씀을 귀히 여깁시다. 믿음의 선배들과 비교해 볼 때 한없이 부족한 우리에게 하나님께서 긍휼을 베푸셔서, 말씀을 사모하고 말씀을 귀하게 여기는 마음을 부어 달라고 기도합시다. 말씀을 귀하게

여기고 말씀을 사모하는 우리를 통하여, 우리 교회에 그리고 한국교회에 영적 부흥과 갱신의 역사가 일어나기를 바랍니다.

[전환 요소] 그런데 말씀을 귀히 여기고 말씀을 사모하는 자들에게 꼭 필요한 존재가 있습니다.

[설명부] 유다 백성을 보십시오. 그들 가운데 말씀을 가르칠 사람이 있었습니다. 그 사람의 이름은 바로 에스라입니다. 에스라는 하나님의 말씀을 가르치기에 가장 적합한 사람이었습니다. 에스라 7:10은 "에스라가 여호와의 율법을 연구하여 준행하며 율례와 규례를 이스라엘에게 가르치기로 결심하였더라"고 말합니다. 에스라는 말씀을 연구하고 말씀을 가르치기를 결심한 사람이었습니다. 그는 학사였고, 그는 서기관이었습니다. 에스라는 말씀의 사람이었습니다. 느헤미야와 온 유다 백성이 에스라를 말씀의 사람으로 인정했습니다. 에스라는 말씀을 가르치기에 최적화된 말씀의 사람이었습니다.

에스라는 레위 사람들과 함께 유다 백성에게 하나님의 말씀을 가르쳤습니다. 8절을 보겠습니다. "하나님의 율법책을 낭독하고 그 뜻을 해석하여 백성에게 그 낭독하는 것을 다 깨닫게 하니." 에스라는 말씀을 읽었습니다. 그리고 에스라는 말씀을 해석했습니다. 에스라가 말씀을 읽고 해석했기 때문에 유다 백성들은 말씀을 깨달을 수 있었습니다. 아무리 유다 백성에게 말씀을 사모하고 말씀을 귀히 여기는 마음이 있었다손 치더라도, 만약 그들에게 에스라가 없었더라면, 그것은 그냥 마음만으로 끝났을 것입니다. 하지만 그들 가운데 말씀의 사람, 에스라가 있었습니다. 말씀을 읽고 말씀을 해석하는 에스라 때문에 그들은 끝내 말씀을 깨달을 수 있었습니다.

[요점] 우리에게도 말씀을 잘 읽고 말씀을 잘 해석하는 에스라가 필요합니다.[6]

[증명부] 그렇다면 지금 우리에게 에스라는 누구입니까? 바로 설교자입니다. 말씀을 읽고 말씀을 해석한다는 면에서 볼 때, 설교자는 모두 에스라의 후예들입니다. 목사가 해야 하는 일이 참 많습니다. 여러 가지 필요가 있는 교인들을 심방해야 합니다. 교회 행정과 관련된 일도 많습니다. 주말이면 결혼식도 있습니다. 또 갑자기 생기는 장례식도 있습니다. 이 외에도 목사가 해야 하는 일이 셀 수 없이 많습니다. 정말 일주일이 부족할 정도입니다. 그럼에도 목사가 해야 하는 이 많은 일들 중에서 가장 중요한 일이 있습니다. 바로 에스라처럼 말씀을 읽고 말씀을 해석하는 일입니다. 그래서 예나 지금이나 목사를 심방의 사역자, 행정의 사역자, 또는 어떤 다른 일의 사역자라고 부르지 않고 '말씀의 사역자'라고 불렀습니다. 말씀을 읽고 말씀을 해석하는 일은 목사가 감당해야 하는 사역 중 가장 중요한 사역입니다.

[적용부] 여러분의 설교자를 위해 기도하고 계시리라 믿습니다. 그렇다면 설교자를 위해 기도할 때 무엇을 기도하십니까? 그 무엇보다 하나님의 말씀을 잘 읽고 잘 해석할 수 있도록 기도하십시오. 그것이 설교자를 위한 기도 제목의 제일 첫머리에 있도록 하십시오. 혹 바빠서 다른 기도는

못하더라도 이 기도만은 꼭 해주셔야 합니다. 이것은 사도 바울의 기도 제목이기도 했습니다. 바울은 에베소 교회 교인들에게 다음과 같이 기도를 부탁합니다. "또 나를 위하여 구할 것은 내게 말씀을 주사 나로 입을 열어 복음의 비밀을 담대히 알리게 하옵소서 할 것이니."엡 6:19 사도 바울에게 이와 같은 기도 후원이 필요했다면, 여러분의 설교자에게는 얼마나 더 큰 기도 후원이 필요하겠습니까? 하나님의 말씀을 잘 읽고 잘 해석하는 에스라가 되도록, 신실한 말씀의 사역자가 되도록 여러분의 설교자를 위해 기도해 주십시오.

제가 신학교 교수이니 신학교를 위해서도 기도를 부탁드리고 싶습니다. 지금 말씀 사역자도 중요하지만, 다음 세대 말씀 사역자도 중요합니다. 그들이 다음 세대 한국교회를 책임질 것이기 때문입니다. 다음 세대 말씀 사역자들을 세우는 일을 신학교가 감당하고 있습니다. 그러므로 신학교를 위해서 기도해야 합니다. 신학교를 통해 한국교회의 미래를 책임질 에스라들이, 신실한 말씀 사역자들이 많이 배출될 수 있도록 기도해 주십시오. 그래야 한국교회에 소망이 있습니다.

[전환 요소] 에스라가 유다 백성 가운데서 말씀을 읽고 말씀을 해석했습니다. 신실한 말씀 사역자가 말씀을 사모하고 말씀을 귀히 여기는 백성에게 말씀을 잘 가르쳤습니다. 그 결과가 무엇입니까?

[요점] 말씀을 사모하고 말씀을 귀히 여기는 하나님의 백성에게 말씀을 잘 가르칠 때, 영적 부흥과 갱신이 일어납니다.

[설명부] 9절 전반부를 보십시오. "백성이 율법의 말씀을 듣고 다 우는지라." 백성들은 말씀을 깨닫고 울었습니다. 그들이 말씀 앞에서 자신의 참된 모습을 발견했기 때문입니다. 히브리서 4:12입니다. "하나님의 말씀은 살아 있고 활력이 있어 좌우에 날선 어떤 검보다도 예리하여 혼과 영과 및 관절과 골수를 찔러 쪼개기까지 하며 또 마음의 생각과 뜻을 판단하나니." 하나님 말씀의 빛 아래서, 그들은 자신들이 명목상의 유대인이라는 사실을 발견하고 울었습니다. 하나님 말씀의 빛 아래서, 그들은 자신들이 재건된 예루살렘 성의 백성이라고 불리기에 너무 보잘 것없는 사람이라는 사실을 깨닫고 울었습니다. 하나님의 말씀은 자신을 정직하게 보도록 하고 끝내 회개의 눈물을 만들어 냅니다.

그러나 눈물이 끝이 아니었습니다. 회개 뒤에는 기쁨이 임합니다. 본문은 이렇게 끝납니다. 12절을 보십시오. "모든 백성이 곧 가서 먹고 마시며 나누어 주고 크게 즐거워하니 이는 그들이 그 읽어 들려 준 말을 밝히 앎이라." 그들은 에스라가 가르쳐준 하나님의 말씀을 통해 자신들을 향한 하나님의 뜻을 깨닫게 되었습니다. 하나님은 명목상으로만 유대인이었던 그들을 참된 유대인으로 새롭게 해주실 것입니다. 그들은 재건된 예루살렘 성, 영광스러운 하나님의 도성에서 하나님의 백성으로 살게 될 것입니다. 그들은 이와 같은 하나님의 뜻을 깨닫고 즐거워했습니다. 그래서 그들은 잔치를 베풀고 함께 교제했습니다. 말씀은 깨닫는 자들에게 참된 기쁨을 만들어 냅니다. 이것이 바로 느헤미야와 함께 예루살렘 성을 재건한 유다 백성에게 일어난 영적 부흥과 갱신의 이야기입니다.

[증명부] 없음.

[적용부] 없음.[7]

[결론] 형제자매 여러분, 우리에게도 다른 것이 아니라 바로 영적 부흥과 갱신이 필요합니다. 말씀을 사모하고 말씀을 귀히 여깁시다. 말씀 사역자들이 말씀을 잘 읽고 말씀을 잘 해석할 수 있도록 기도합시다. 그래서 우리 교회가, 더 나아가 한국교회가 하나님께서 베푸시는 영적 부흥과 갱신을 볼 수 있기를 바랍니다. 주님, 잠자는 이 땅의 교회에 벼락과 같이 부흥을 부어 주소서.

5장 · 그 밖의 질문

누구든제 네 연소함을 업신여기지 못하게 하고
오직 말과 행실과 사랑과 믿음과 정절에 있어서
믿는 자에게 본이 되어 내가 이를 때까지
읽는 것과 권하는 것과 가르치는 것에 전념하라.

디모데전서 4:11-12

29   설교 본문은 어떻게 정합니까?

설교자가 설교 본문을 정하는 방법은 네 가지가 있습니다. 첫째, 본문 연속 설교입니다. 말 그대로 본문 순서를 따라가며 연속적으로 설교하는 방식이지요. 크리소스톰이 이 방법을 실천했고 칼뱅도 성경의 각 권을 순서대로 설교했습니다. 이 방식을 따라 본문을 선택하면 성경 전체를 큰 문맥 안에서 살필 수 있습니다. 설교 본문을 정하느라 괜히 시간 낭비할 필요도 없습니다. 그러나 한 책을 본문으로 너무 오랫동안 설교하면 청중이 싫증낼 수 있습니다. "지난 주일에 말씀드린 것처럼"과 같은 표현은 청중의 귀를 닫게 만들 수 있다는 점을 기억해야 합니다.

둘째, 같은 주제를 가진 본문을 선별해서 시리즈로 설교할 수 있습니다. 교회 절기나 신학적 주제(삼위일체, 성육신, 십자가, 부활, 성령강림, 하나님 나라, 종말 등) 또는 목회적 주제(영적 성장, 가정과 결혼, 자녀 양육, 소명, 전도와 선교 등)를 따라 본문을 선정할 수 있습니다. 한 주제를 깊이 다룰 수 있고, 설교가 교회 절기나 목회 상황과 긴밀한 관련성을 가질 수 있습니다. 그러나 본문을 주제에 과하게 욱여넣는 잘못을 범할 수 있으니 조심해야 합니다.

셋째, 청중의 필요에 따라 본문을 정할 수 있습니다. 청중의 필요에 민감하고 그 필요를 반영하여 본문을 선택하는 설교자의 설교는 청중에게 한층 적실할 것입니다. 청중은 자신의 필요에 성경에 근거하여 답변해 주는 설교를 기대합니다. 그러나 청중의 모든 필요가 옳은 것은 아닙니다. 설교자는 청중을 섬겨야 하지만, 서비스 맨은 아닙니다. 설교자는 청중이 듣기 원하는 것이 아니라 청중이 들어야 하는 것을 전하기 위해 세워졌다는 사실을 잊지 말아야 합니다.

넷째, 설교자 자신의 관심을 따라 본문을 선택할 수 있습니다. 설교자는 자신에게 영향을 끼친 본문을 설교할 때 더 큰 확신 가운데 설교할 수 있고 결과적으로도 청중에게 더 큰 영향을 미칠 수 있을 것입니다. 그러나 설교자의 개인 기호에만 근거한 본문 선택은 청중의 영적 성장에 불균형을 가져다줄 수 있습니다.

결론적으로 말한다면, 설교 본문을 정하는 완전무결한 한 가지 방법은 존재하지 않습니다. 설교자에게는 본문 선택하는 방법을 '선택'하는 지혜도 필요합니다.

30 설교 제목은 어떻게 정합니까?

설교제목은 두 가지 기능을 합니다. 우선 설교제목은 설교의 방향을 제시합니다. 설교제목은 설교자가 설교에서 이런 내용을 말하겠다고 청중에게 미리 약속하는 것입니다. 청중은 설교제목을 근거로 설교 내용을 짐작합니다. 그러므로 좋은 설교제목은 설교주제와 긴밀한 관련이 있어야 합니다. 제목을 보고도 설교주제를 떠올릴 수 없다면 좋은 설교제목이라고 할 수 없습니다.

그렇다고 설교주제를 그대로 제목으로 사용하는 것은 그렇게 추천하지 않습니다. 설교제목이 길어질 뿐더러 청중이 제목을 통해 주제를 미리 다 알게 되어 설교에 흥미를 잃을 수 있습니다. 설교제목은 설교주제를 유추할 수 있을 정도가 적당합니다.

설교제목의 또 다른 기능은 청중의 흥미 유발입니다. 청중이 설교제목을 보고 설교에 기대감을 가질 수 있다면 좋은 설교제목이라고 할 수 있습니다. 그러나 청중의 호기심을 끌겠다는 의욕이 과해서 지나치게 튀거나 격이 떨어지는 제목을 붙여서는 안 됩니다. 텔레비전 드라마나 프로그램의 제목과 설교제목은 엄연히 달라야 합니다.

31 설교 시간은 어느 정도가 적당합니까?

설교를 몇 분 동안 해야 한다는 통일된 기준은 없습니다. 그러나 교회마다, 또 예배나 집회에 따라 몇 분 정도 설교해야 하는지에 대한 암묵적인 합의가 존재합니다. 하나님의 예외적인 역사를 제외하고는 그 합의를 따르는 것이 설교자가 지켜야 할 예의입니다.

해돈 로빈슨은 십 대 때 한 설교자의 설교를 듣고 일기장에 다음과 같이 썼습니다. "그는 한 시간 설교했으나 이십 분 설교한 것처럼 느껴지는데, 왜 다른 설교자들은 이십 분 설교했으나 한 시간 설교하는 것처럼 느껴질까?"[1] 물리적인 시간뿐 아니라 청중이 느끼는 주관적인 시간이 있습니다. 청중이 느끼는 시간을 줄이는 능력이 설교자에게 필요합니다. 이 능력이 부족한 설교자는 물리적인 시간을 줄여 짧게 설교하는 편이 낫습니다.

설교 시간이 점점 짧아지는 현대 교회의 현실을 보며 한탄하는 설교자들을 가끔 만날 때가 있습니다. 어떤 마음인지 충분히 이해하지만 무턱대고 길게 설교하면 역효과만 납니다. 찰스 스펄전은 간결함이 설교자의 미덕이라고 말합니다.[2] 긴 설교를 좋아하는 청중은 없습니다. 설교는 청중이 느끼기에 간결해야 합니다.

32   성경 봉독은 어떻게 합니까?

『웨스트민스터 대교리문답』 156문은 "하나님의 말씀을 모든 사람이 읽어야 합니까?"라고 엉뚱한 듯 보이는 질문을 합니다. 모든 사람이 성경을 읽어야 한다는 것은 매우 당연한 일 아닙니까? 그런데 이 질문에 대한 대답이 이렇습니다.

> 비록 모든 사람이 회중 앞에서 공적으로 하나님의 말씀을 읽도록 허락되지는 않았지만, 모든 부류의 사람들은 그들 홀로 또는 가족과 함께 하나님의 말씀을 읽을 의무가 있습니다. 그래서 성경은 각 나라의 대중 언어로 번역되어야 합니다.

『웨스트민스터 대교리문답』은 성경 읽기를 사적 읽기와 공적 읽기로 나눕니다. 개인적으로 성경을 읽는 것은 누구나 할 수 있고 또 해야 하지만, 회중 앞에서 공적으로 성경을 읽는 것은 자격 있는 자에게만 허락된 임무라 믿었습니다. 성경 봉독은 설교자에게 맡겨진 고유한 권한입니다. 설교자들은 이 권한을 중히 여겨야 합니다.

그러나 적잖은 설교자들이 성경 봉독에 큰 관심을 기울이지 않습니다. 어떤 설교자들은 성경 봉독을 설교를 위한 부속품 정도로 취급합니다. 본문이 긴 경우 설교 시간을 확보하기 위해 본문 일부만 읽고 끝내버리기도 합니다. 하지만 성경 봉독이 설교보다 앞섭니다. 순서뿐 아니라 우위 면에서도 앞섭니다. 성경을 하나님의 말씀 자체라고 믿는다면 설교보다 성경 봉독이 더 중요한 순서라고 해도 과한 말은 아닐 것입니다. 성경 봉독이 있기 때문에 설교가 있는 것이지, 설교가 있기 때문에 성경 봉독이 있는 것이 아닙니다. 성경은 설교자의 해설이 있어야만 청중에게 영향을 미칠 수 있고 청중이 이해할 수 있는, 의존적인 말씀이 아닙니다. 성경은 설교가 있으나 없으나 그 자체로 살아있고 권능 있는 말씀입니다.

성경 봉독자는 본문 저자를 대신해서 청중 앞에 선다고 할 수 있습니다. 그러므로 성경 봉독자는 본문을 읽는 자신의 목소리를 통해 청중이 성경 저자가 전달하는 본문의 의미를 효과적으로 파악할 수 있도록 최선을 다해야 합니다. 또한 본문에 녹아있는 성경 저자의 감정까지도 자신의 목소리에 담을 수 있도록 애써야 합니다. 성경 봉독자가 자신의 목소리에 성경 저자의 의미와 감정을 생생하게 담기 위해서는 어떤 단어와 표현을 강조해서 읽을지, 어디를 높은 음색으로 읽고, 어디를 낮은 음색으로 읽을지, 어디를 천천히 읽고, 어디를 빠르게 읽을지, 어디에서 띄어 읽을지, 어디에서 잠시 쉴지에 대해 어느 정도 계획이 있어야 합니다. 발음하기 어려운 인명이나 지명도 미리 확인해야 합니다. 이렇게 하려면 본문을 소리 내서 여러 번 읽어 보아야 합니다. 본문을 읽는 것이 익숙해질 때에야 좋은 성경 봉독자가 될 수 있습니다.

33   어떻게 설교 전달을 잘할 수 있습니까?

　설교 전달은 설교문을 다 쓴 후에 고려하는 과제라고 생각하는 분들이 있습니다. 완성된 설교문이 있어야 전달할 수 있다는 점에서 그렇게 생각하는 것도 이해가 됩니다. 하지만 설교 작성과 설교 전달, 이 두 가지 작업은 두부모 베듯 엄격히 나눌 수 없습니다. 전달하기에 효과적인 설교문이 전제되어야 좋은 전달이 가능하기 때문입니다. 설교자가 아무리 발음이 명료하고, 목소리의 높낮이가 적절하고, 청중과 함께 호흡하는 능력이 뛰어나다 하더라도, 설교문 자체가 이해하기 어렵다면 말짱 헛것입니다. 그러므로 설교문을 작성하는 시작 단계부터 전달을 고려해야 합니다. 청중에게 잘 들리는 구조를 만들고, 청중이 이해하기 쉽도록 내용을 채워야 합니다. 효과적인 전달을 고민하며 쓴 설교문이 좋은 전달을 담보할 수 있습니다.

　설교문에 활자로는 포함되지 않지만 전달을 위해 중요하게 여겨야 할 요소가 감정입니다. 말에는 감정이 있습니다. 같은 말이라도 감정을 살리느냐 무심하게 전하느냐에 따라 달라집니다. 감정을 살려 말하는 사람의 말이 마음을 움직입니다. 설교자도 감정을 살려서 설교해야 합니다. 그렇다고 공연을 하는 연기자가 되라는 말은 아닙니다. 설교가 담고 있는 감정을 정직하게 전달해야 한다는 것입니다. 하나님의 절절한 사랑을 설교하면서 어떠한 감흥도 없이 건조한 목소리로 전달한다면 그것처럼 맥 빠지는 일도 없을 것입니다. 감정을 살려 설교하기 위해서는 설교자가 자신이 먼저 본문이 전하는 메시지에 감동해야 합니다. 설교자가 먼저 하나님의 사랑에 감동해야 하나님의 사랑을 열정적으로 전달할 수 있습니다. 다른 사람에게 들은 이야기보다 자신이 직접 경험한 이야기를 더 생생하게 전달하기 마련입니다. 감동한 설교자만이 청중에게 감동을 줄 수 있습니다. 설교자는 자신이 느낀 감정을 청중이 그대로 느낄 수 있도록 설교해야 합니다.

양질의 설교 전달을 위해 설교문을 큰 소리로 여러 번 읽는 것을 추천합니다. 설교문을 낭독하면서 설교자는 자신의 설교를 귀로 직접 들을 수 있습니다. 그 과정에서 글로는 파악할 수 없었던 운율과 리듬을 느낄 수 있습니다 질문 28 참조. 강조해서 말할 부분, 잠시 쉬어야 할 부분 등을 점검하고 설교문 여백에 기록해 둘 수도 있습니다. 그뿐 아니라 낭독하면 낭독할수록 설교자의 입과 마음에 설교문이 익숙해집니다. 친숙해진 설교문은 오랜 친구처럼 설교자의 마음을 편하게 해줍니다. 편한 마음으로 설교해야 좋은 전달이 가능합니다.

34   어떻게 설교 피드백을 지혜롭게 받을 수 있습니까?

설교자를 양성하는 과정에서 설교 피드백은 필수 과정입니다. 피드백을 통해 자기 설교의 강점과 약점을 파악할 수 있고, 강점은 더 발전시키고 약점은 개선하려는 노력을 하게 됩니다. 신학교 강의실에서 설교 피드백은 일상입니다. 하지만 교회에서는 상황이 다릅니다. 교인들은 목회자의 설교에 피드백하는 것이 익숙하지 않습니다. 그렇다고 목회자의 설교를 교인들이 전혀 평가하지 않는다는 말은 아닙니다. 속으로는 설교에 대해 평가합니다. 교인들끼리 낮은 목소리로 설교에 대해 이런저런 언급을 할지도 모르겠습니다. 그렇지만 목회자를 앞에 두고 설교에 대해 솔직하게 평가할 정도로 강심장을 가진 교인들은 많지 않습니다. 그런 점에서 "설교에 은혜 받았습니다"라는 말을 액면 그대로 받아들여서는 안 됩니다.

설교 피드백은 가까운 곳에서부터 구하는 것이 좋습니다. 가장 가까운 곳은 바로 자신입니다. 요새는 동영상 촬영이 어렵지 않습니다. 자신의 설교 동영상을 보고 스스로 평가해 보십시오. 자신도 알지 못했던 나쁜 습관을 발견하고 의기소침해질 수 있습니다. 생각보다 못해서 고통스러울 수도 있겠지요. 괜찮습니다. 고쳐서 향상시키면 됩니다. 다른 사람에게 지적받는 것보다 낫다고 생각하십시오.

배우자는 설교에 대해 솔직하게 평가할 수 있는 거의 유일한 사람입니다. 설교 후 피드백도 피드백이지만, 배우자에게 설교 전 피드백을 부탁해 보십시오. 설교문을 완성하고 나서 배우자에게 검토해 달라고 부탁하는 것이지요. 명쾌하게 이해되지 않거나 아쉬운 대목이 있다면 짚어 달라고 하십시오. 그 피드백을 바탕으로 설교문을 고치고 또 고치십시오. 훨씬 나은 설교문을 들고 설교단에 서게 될 것입니다.

서로 설교 피드백을 할 수 있는 동료를 둔 설교자는 복됩니다. 매주 하는 것이 부담스러우면 한 달에 한 번, 혹은 몇 달에 한 번도 괜찮습니다. '동종업계 종사자'인 만큼 서로 해줄 수 있는 말이 많을 것입니다. "철이 철을 날카롭게 하는 것같이 사람이 그의 친구의 얼굴을 빛나게 하느니라"잠 27:17라는 성경 말씀을 기억하십시오.

피드백을 받는 데 맷집이 좀 생겼다 싶으면, 교인들에게 피드백을 부탁해 볼 수 있을 것입니다. 삶의 환경, 세대, 성별, 믿음의 수준 등을 고려해서 되도록 다양한 사람을 선택하십시오. 설교가 좋았는지 그렇지 않았는지 같은 질문은 피하는 것이 좋습니다. 다음은 몇 가지 질문의 예입니다.

설교 메시지를 한 문장으로 요약할 수 있겠습니까?
설교를 통해 성경 본문과 성경의 진리에 대해 무엇을 이해했습니까?
설교를 통해 변화되어야 할 삶의 영역이 무엇이라고 생각했습니까?
설교에서 가장 흥미로웠던 부분은 어디입니까?
설교에서 이해되지 않았던 부분은 어디입니까?

교인들에게 매주 설교 피드백을 받을 필요는 없습니다. 평가를 받는 설교자뿐 아니라 부탁받는 교인도 부담스러운 일입니다. 그렇지만

일 년에서 이삼 년에 한 번씩은 시도해 보십시오. 설교 향상에 도움이 되는 것은 물론이고 매너리즘에 빠지지 않게 되는 것은 덤으로 얻는 유익입니다.

35 이전에 했던 설교를 반복할 수 있습니까?

창의성이 존중받는 시대입니다. 그래서인지 설교는 언제나 새롭고 독창적이어야 한다는 강박을 가진 설교자들도 있습니다. 그러나 설교자는 무언가를 계속해서 새롭게 만들어내는 존재가 아니라, 주님이 하신 말씀, 즉 사도와 선지자들을 통해 전하신 말씀을 반복하는 존재입니다. 이렇게 보면 이전에 했던 설교를 반복하지 못할 이유는 없습니다. 특히 기독교의 중요한 진리를 다루는 설교는 반복해야 합니다. 바울은 로마서를 써서 보내는 목적을 다음과 같이 밝힙니다.

> 내 형제들아, 너희가 스스로 선함이 가득하고 모든 지식이 차서 능히 서로 권하는 자임을 나도 확신하노라. 그러나 내가 너희로 다시 생각나게 하려고 하나님께서 내게 주신 은혜로 말미암아 더욱 담대히 대략 너희에게 썼노니 롬 15:14-15.

설교자가 이전에 전했던 진리를 청중에게 '다시 생각나게' 하는 것이 설교의 역할입니다. 설교는 반복할 수 있고, 또 반복해야 합니다.

그러면 몇 번까지 설교를 반복할 수 있을까요? 로이드 존스는 이렇게 대답합니다. "그 설교가 더 이상 [설교자] 여러분을 사로잡거나 감동시키지 않는다면, 여러분에게 더 이상 은혜의 통로가 되지 않는다면 그만 하십시오."[3] 짧지만 공감 가는 답변입니다.

괜한 걱정이겠지만 한 말씀만 덧붙입니다. 설교를 반복할 수 있다는 사실이 설교자의 게으름을 면피하는 수단이 되어서는 안 됩니다. 게으름을 피우다가 이전에 했던 설교를 반복하기만 하는 설교자를 곱게 볼 청중은 이 세상에 없습니다. 주님은 게으른 종을 게으른 종이라고만 부르지 않으시고 '악하고' 게으른 종이라 부르셨습니다.마 25:26.

36   유명한 설교자들의 설교 홍수 속에서 지역 교회 목회자의 평범한 설교가 무슨 의미가 있습니까?

오늘날 청중은 기독교 방송 채널이나 유튜브를 통해 유명한 설교자들의 설교를 쉽게 접할 수 있는 환경에 있습니다. 청중이 자기가 출석하는 교회 목회자의 설교만 듣고 만족하던 시절은 이미 오래된 과거입니다. 신학생 시절에 유명한 설교자들의 설교를 듣고 설교 사역을 그만두어야 하는 것이 아닌가 고민했다던 해돈 로빈슨의 고백이 생각납니다. 다양한 매체를 통해 전해지는 화려하고 감동적인 설교의 홍수 속에서 평범한 지역 교회 목회자들도 비슷한 생각을 할지 모릅니다.

그러나 설교에서 '지역'이라는 요소는 빠져서는 안 될 핵심 요소입니다. 설교는 성경의 세계와 현대의 세계만이 아니라, 목회자가 "설교하도록 부르심을 받은 세계"와도 관련되어야 합니다.[4] 이 점을 간파한 프레드 크래독은 지역 교회 목회자들에게 큰 격려가 될 만한 말을 합니다.

> 현대인들에게 호소하는 신학 서적이나, 설교에 도움을 주는 성경 주석이나, 설교를 위해 바로 쓸 수 있는 설교집이라 하더라도, 회중의 가슴과 마음을 향해 날아가는 하나님의 말씀을 담고 있지는 않다. 오직 목회자만이 그 일을 할 수 있다. 설교자가 모든 자료를 완전히 갖추었다 하더라도, 지역 교회라는 토양이 더해질 때라야 설교가 뿌리내리고 성장할 수 있다.[5]

지역 교회 목회자만이 알 수 있는 세계가 있습니다. 그 세계에 사는 청중에게 가장 적실한 설교를 할 수 있는 설교자는 그 지역 교회 목회자입니다. 지역 교회 목회자들의 수고에 복을 주셔서 지역 교회에 속한 청중이 '난 곳 방언'으로 하나님의 말씀을 듣기 바랍니다.

37   설교 표절이란 무엇입니까?

어떤 설교자가 설교 표절을 했다더라 하는 소문은 가끔 있지만, 실제로 설교 표절이 무엇인지 명확하게 정의 내리기는 쉽지 않습니다. 설교는 표절이라는 용어가 생기기 전부터 존재했습니다. 그러므로 이 시대에 통용되는 표절의 잣대를 설교에 마구잡이로 갖다 대서는 안 됩니다. 이전에 했던 설교를 반복할 수 있는가 하는 질문에서 다룬 것처럼, 설교는 새로운 것을 만들어내는 행위가 아니라 주님과 사도와 선지자들이 전하신 말씀을 반복해서 들려주는 행위입니다. 설교에는 독창성이 오히려 해가 될 수 있습니다.

설교자들은 좋은 설교자들의 본을 따를 필요가 있습니다. 초보 설교자라면 더욱 그렇습니다. 앞서간 사람의 안내를 억지로 무시하고 길을 갈 이유는 없습니다. 그 길이 힘든 길이라면 더욱 그렇습니다. 좋은 설교를 자주 접하면서 자신의 설교에 적용해 보는 것은 좋은 설교자가 되는 지름길입니다.

그러나 설교집 짜깁기가 설교 준비의 전부가 된다면 그것은 청중이나 설교자 모두에게 위험한 일이 됩니다. 앞서 말한 것처럼 청중에게 가장 적실한 설교는 그 지역 목회자가 해줄 수 있습니다. 다른 설교자의 설교에만 의존하는 설교자의 청중은 그들의 상황에 맞는 하나님의 말씀을 들을 수 있는 기회를 박탈당하게 됩니다.

하지만 보다 더 큰 위험은 설교집을 짜깁기하는 데 익숙해진 설교자가 자기 힘으로 설교 준비를 할 수 없는 상태에 이르게 되는 것입니다. 평생 설교를 하면서 살아야 할 설교자가 스스로 설교 준비를 할 수 없다면 이보다 더 비참한 일이 있을까요? 다른 설교자의 설교나 주석서는 모두 참고 자료에 불과합니다. 설교자는 성경 본문으로부터 자신과 자신의 청중을 향한 하나님의 메시지를 끌어낼 수 있어야 하며, 성경 본문으로부터 설교 준비를 할 수 있어야 합니다.

    설교집을 짜깁기하는 유혹에 빠지지 않기 위해서 꼭 필요한 것이 설교 준비를 위한 충분한 시간입니다. 여유가 있어야 참고 자료부터 들추지 않을 수 있습니다. 교인들을 돌보느라 설교 준비할 여유가 없다고 말하는 목회자들을 종종 만납니다. 맞습니다. 열심이 있는 목회자들에게는 언제나 보살펴야 할 교인들이 있기 마련입니다. 그러나 설교 준비도 교인들을 돌보는 목회라는 사실을 잊지 말아야 합니다. 잘 준비된 설교를 통해서는 한 사람이 아니라 수십, 수백 명의 교인을 돌볼 수 있습니다. 설교 준비 시간은 목회로부터 탈출하는 시간이 아니라, 오히려 목회의 한가운데로 뛰어드는 시간입니다.질문 01 참조. 그러므로 목회자는 한 주간의 사역 일정 가운데 반드시 설교 준비를 위한 시간을 충분히 확보해야 합니다. '충분한' 시간은 설교자마다 다를 것입니다. 해돈 로빈슨은 30분 설교하기 위해서는 적어도 12시간은 책상에 앉아 있어야 한다고 했습니다. 존 스토트는 아무리 노련한 설교자라고 하더라도 5분 설교마다 최소 1시간의 준비는 필요하다고 했습니다.

    설교 표절과 관련해서 꼭 짚고 넘어가야 할 문제가 있습니다. 한국 교회의 경우 설교자 한 사람의 공식적인 설교 횟수가 너무 많습니다. 한 주간에만 몇 번씩 설교를 해야 하는데 어떻게 여기저기서 짜깁기 한 번

안하고 그 많은 설교를 감당할 수 있겠습니까? 그런 점에서 설교 표절을 설교자 개인의 도덕적 문제로만 치부해서는 안 됩니다. 설교 표절은 한국 교회의 구조적 문제와도 맞닿아 있습니다. 자신들의 상황에 최적화된 양질의 설교를 원하는 교인들은 설교자에게 설교 준비할 시간을 충분히 제공해야 합니다.

38 타고난 은사가 있어야만 탁월한 설교자가 될 수 있습니까?

설교자는 태어나는 것이지 만들어지지 않는다는 말이 있습니다. 설교는 타고난 은사가 중요하다는 뜻이겠지요. 맞습니다. 설교에는 배워서는 다다를 수 없는 수준이 있습니다. 그리고 위대한 설교자들 가운데 천부적 은사가 넘치는 분들이 많았습니다. 하지만 설교에는 후천적으로 배우고 익혀서 향상할 수 있는 기술이 포함된 것도 사실입니다. 설교의 신적 기원을 깊이 인식하는 설교자일수록 설교가 연마할 수 있는 기술을 포함하는 행위임을 인정하는 데 어려움을 느낄지 모릅니다. 그러나 설교자도 길러집니다. 음악가들이 연습과 훈련을 통해 기술을 갈고 닦아서 훌륭한 연주를 해내는 것과 같습니다. 타고난 재능이 어떠하든 뛰어난 연주는 연습 없이는 불가능합니다. 설교도 배워서 연습하면 나아질 수 있습니다.

로이드 존스 연구가인 정근두는 가끔 로이드 존스와 존 스토트 중 누가 더 훌륭한 설교자였냐는 질문을 받곤 했다고 고백합니다. 두 설교자가 동시대를 살았고 같은 지역에서 사역했기 때문에 이런 질문이 나온 것 같습니다. 이 질문에 대한 그의 대답이 이렇습니다. "누구든지 최선을 다해서 강해설교를 준비하면 스토트의 수준에 이를 수 있다고 생각하지만, 로이드 존스의 수준에 도달하려면 타고난 능력과 특별한 은혜가 필요하다고 생각한다."[6] 타고난 은사를 지닌 로이드 존스가 더 뛰어난 설교자라는 취지의 대답이지만, 존 스토트가 누구입니까? 그는 지난 세기 가장 비범한 설교자 중 한 사람입니다! 훈련과 준비를 통해 존 스토트의 수준까지 이를 수 있다면 스스로 은사가 부족하다고 느끼는 설교자도 낙심할 이유가 전혀 없습니다.

성경 속 달란트 비유는 모두가 같은 수준의 은사를 받지 않았다는 사실을 가르쳐 줍니다. 은사의 수준은 하나님의 뜻에 달렸습니다. 그러나 은사를 얼마만큼 받았는지와 관계없이 그 은사를 잘 활용할 책임은 우리에게 있습니다. 하나님은 끝내 결산하실 것입니다.

나가는 말

지금까지 설교자들이 설교문을 작성하기 위해 반드시 알아야 할 주제를 중심으로 설교에 관해 살펴보았습니다. 설교문이 탄생하기까지 어떤 과정을 거쳐야 하는지, 그리고 설교문의 형태를 갖추려면 어떤 요소들이 존재해야 하는지 어느 정도 윤곽을 잡게 되었다면 이 책은 제 역할을 했다고 할 수 있습니다.

이제 실제 설교 준비로 뛰어들 일만 남았습니다. 하지만 본문을 연구하고 설교문을 작성하는 과정이 생각보다 쉽지 않을 수 있습니다. 어떻게 보면 어렵게 느껴지는 것이 당연합니다. 헬라어 초급 문법을 익혔다고 헬라어 성경을 술술 읽어낼 수 있는 것은 아닙니다. 능숙하게 하기 위해서는 모든 일에 시간이 필요합니다. 설교 준비도 예외는 아닙니다.

공들여서 쓴 설교문이 기대에 미치지 못할 수 있습니다. 당신이 초보 설교자라서 그런 것만은 아닙니다. 자기 설교문에 흡족해 할 수 있는 설교자가 도대체 몇이나 될까요? 고백하건대, 제가 쓴 설교문을 읽으면서 만족해 본 적은 별로 없습니다. 본보기이니만큼 도식적으로 형식을 따라야 해서 어쩔 수 없었다고 변명해 보지만, 책에 실은 설교문도 어색한 곳이 한두 군데가 아닙니다.

그러나 설교자들에게는 위로가 있습니다. 우리의 실제 설교는 우리의 설교문보다 분명 더 나을 것입니다! 다시 한번 말씀드릴까요? 설교는 설교문보다 큽니다. 앞선 본문에서도 말씀드렸지만 설교문은 읽히기 위해서가 아니라 들리기 위해 태어났습니다. 우리 설교문도 읽기만 했을 때보다 귀로 들었을 때 더 높은 점수를 줄 수 있을 것입니다.

그런 면에서, 청중은 우리 설교를 우리 자신보다 후하게 평가합니다. 그들은 설교문을 읽지 않고 듣기 때문입니다. 더욱이 청중 대부분은 설교에 꼬투리를 잡기 위해서가 아니라 '착하고 좋은 마음'으로 자신에게 주시는 하나님의 말씀을 기대하면서 설교를 듣습니다. 청중은 당신이 생각하는 것보다 훨씬 너그럽게 설교를 대합니다.

우리를 신뢰하고 좋아하는 청중일수록 우리 설교에 훨씬 관대한 태도를 보일 것입니다. 필립 브룩스 Phillips Brooks 가 남긴 유명한 말처럼, 설교는 "인격을 통해 전달되는 진리"이기 때문입니다.[1] 설교에서는 설교문의 내용뿐 아니라 설교자의 사람됨도 함께 전달됩니다. 설교문과 아울러 자신을 다듬는 노력을 쉬지 않는 설교자는 설교문보다 훨씬 빼어난 설교 사역을 감당할 수 있습니다.

하나님은 설교가 설교문을 넘어설 수 있게 하는 가장 큰 이유가 되십니다. 우리는 설교단에 오를 때, 미흡해 보이는 설교문만 들고 가는 것이 아니라, 하나님의 도우심과 함께 올라갑니다. 하나님은 대단할 것 없는 우리 설교문을 사용하셔서, 죄인을 부르시고 교회를 부흥하게 하시기를 기뻐하십니다. 부족하기만한 설교문도 하나님의 손안에서 능력 있는 설교가 됩니다.

그러니 낙심하지 말고 성실하게 설교 준비에 최선을 다하십시오. 당신의 수고는 절대 헛되지 않을 것입니다. 당신을 응원합니다.

전능하시고 영원하신 하나님, 하나님의 사랑하는 아들 우리 주 예수 그리스도의 이름으로 기도합니다. 무엇보다 먼저, 영적 나라와 복된 복음 사역을 허락해 주소서. 하나님의 거룩한 말씀을 진실하고 분명하게 전할 수 있는 경건하고 신실한 설교자들을 보내 주소서. 모든 분열과 이단 사상으로부터 저희를 보호하소서. 은혜를 쉽게 잊어버리는 저희를 용서하소서. 이런 저희를 생각하면 벌써 오래전에 하나님의 말씀을 거두어 가셨어도 옳습니다. 그러나 저희가 받을 만한 벌로 엄하게 심판하지 마소서. 다시 구하옵나니 저희에게 감사하는 마음을 주셔서, 하나님의 거룩한 말씀을 사랑하고 존경하며 겸손히 듣게 하시고, 말씀을 따라 저희 삶이 성숙하게 하소서. 말씀을 제대로 이해할 뿐 아니라 말씀이 하는 요구를 행동으로 따르게 하소서. 저희로 말씀대로 살게 하시고 날마다 선한 행실이 자라게 하소서. 그래서 하나님의 이름이 거룩하게 되고 하나님의 나라가 임하며 하나님의 뜻이 이루어지게 하소서. 아멘.[2]

마르틴 루터

1장 · 설교

1 장 칼뱅, 고린도후서 13:5 주석
2 John Stott, *Between Two Worlds: The Art of Preaching in Twentieth Century* (Grands Rapids: Eerdamns, 1982), 109. (존 스토트, 『존 스토트 설교의 능력』, 원광연 옮김, 서울: CH북스, 2017)
3 John Henry Jowett, *The Preacher, His Life and Work* (New York: Hodder & Stoughton, 1912), 75.
4 마틴 로이드 존스, 『설교와 설교자』, 정근두 옮김 (서울: 복 있는 사람, 2012), 43.
5 같은 책, 41.
6 John Calvin, *Institutes of the Christian Religion*, ed. John T. McNeill, trans. Ford Lewis Battles (Louisville, KY: Westminster John Knox Press, 2011), 2:1156-1157.
7 G. 레이코프, M. 존슨, 『삶으로서의 은유』, 노양진, 나익주 옮김 (하남: 박이정, 2006)를 보라.
8 시드니 그레이다누스, 『성경 해석과 성경적 설교』, 김영철 옮김 (서울: 여수룬, 2012), 34.
9 팀 켈러, 『설교』, 채경락 옮김 (서울: 두란노, 2016), 135.
10 로이드 존스, 『설교와 설교자』, 321.
11 박삼열, "한국교회 목회자들의 설교에 관한 의식 연구," 「목회와 신학」 (2003년 4월호).
12 예를 들어, Steve Mathewson, "Verse-by-Verse Sermons That Really Preach," in *The Art and Craft of Biblical Preaching: A Comprehensive Resource for Today's Communicators*, eds. Haddon Robinson and Graig Brian Larson (Grand Rapids: Zondervan, 2005), 407.
13 로이드 존스, 『설교와 설교자』, 120.
14 Stott, *Between Two Worlds*, 125.
15 Haddon W. Robinson, *Biblical Preaching: The Development and Delivery of Expository Message* (Grand Rapids: Baker Academic, 2001), 22. (해돈 로빈슨, 『강해설교』, 박영호 옮김, 서울: CLC, 1983)
16 Stott, *Between Two Worlds*, 92.

2장 · 중심주제

1　Jowett, *The Preacher, His Life and Work*, 134-135.
2　Stott, *Between Two Worlds*, 211-259.
3　Robinson, *Biblical Preaching*, 51-182.
4　같은 책, 35.
5　같은 책, 35.
6　Hershael York and Bert Decker, *Preaching with Bold Assurance* (Nashville: B&H, 2003), 140. (허셀 W. 요크, 버트 데커, 『확신 있는 설교』, 서울: 생명의말씀사, 2008)
7　H. Grady Davis, *Design for Preaching* (Philadelphia: Fortress, 1958), 36.
8　Donald Sunukjian, *Invitation to Biblical Preaching* (Grand Rapids: Kregel, 2007), 66. (도널드 R. 수누키안, 『성경적 설교의 초대』, 채경락 옮김, 서울: CLC, 2009)
9　길성남, 『성경이 무엇을 말하느냐?』 (서울: 성서유니온, 2014), 102.
10　모티머 애들러, 『생각을 넓혀주는 독서법』, 독고앤 옮김 (서울: 멘토, 2000), 89.
11　여기서 설명하는 것처럼 본문주제를 찾고 나서 본문개요를 확인할 수도 있으나, 순서를 바꾸어 본문개요를 먼저 작성하고 그 개요를 바탕으로 본문주제를 찾아낼 수도 있다. 작업의 선후 관계보다 중요한 것은 본문주제와 본문의 개요가 서로를 제대로 반영하느냐다.
12　존 파이퍼, 『강해의 희열』, 윤종석 옮김 (서울: 두란노, 2019), 191.
13　테리 G. 카터, 스코트 J. 듀발, 다니엘 헤이즈, 『성경설교』, 김창훈 옮김 (서울: 성서유니온, 2009), 64-65.
14　Warren Wiersbe, *The Dynamics of Preaching* (Grand Rapids: Baker, 1999), 70.
15　한진환, 『설교, 그 영광의 사역』 (서울: 프리셉트, 2013), 170.
16　그레이다누스, 『성경 해석과 성경적 설교』, 332.
17　토마스 G. 롱, 『증언 설교』, 이우제, 황의무 옮김 (서울: CLC, 2019), 210.
18　John Stott, "A Definition of Biblical Preaching," in *The Art and Craft of Biblical Preaching: A Comprehensive Resource for Today's Communicators*, eds. Haddon Robinson and Graig Brian Larson (Grand Rapids: Zondervan, 2005), 28-29. (해돈 로빈슨, 『성경적인 설교와 설교자』, 전의우 옮김, 서울: 두란노, 2006)
19　싱클레어 퍼거슨, "강해설교," 새무얼 로건, 『개혁주의 설교자와 설교』, 서창원, 이길상 옮김 (고양: 크리스챤 다이제스트, 2010), 233.
20　'청중에게 달라붙는다'라는 표현은 오랜 시간 살아남아 사람들에게 지속적 영향을 미치는 메시지의 특정에 관해 연구한 칩 히스(Chip Heath)와 댄 히스(Dan Heath)로부터 왔다. 그들도 이 표현의 기원을 유명작가인 말콤 글래드웰(Malcolm Gladwell)에게 돌린다. 『스틱!』, 안진환, 박슬라 옮김 (서울: 웅진윙스, 2007), 21을 보라.

21 Haddon W. Robinson, "Dramatic Expository Preaching," in *The Art and Craft of Biblical Preaching: A Comprehensive Resource for Today's Communicators*, eds. Haddon W. Robinson and Graig Brian Larson (Grand Rapids: Zondervan, 2005), 406.
22 브라이언 채플,『그리스도 중심의 설교』, 엄성옥 옮김 (서울: 은성, 2016), 59-62.
23 Paul Scott Wilson, *The Practice of Preaching* (Nashville: Abingdon, 2007), 160-162. (폴 스콧 윌슨,『성경인가? 복음인가?』, 김양일 옮김, 서울: CLC, 2019)
24 켈러,『설교』, 303-305. 팀 켈러는 복음 패턴이 드러나는 설교개요를 다음과 같이 다섯 개의 요점으로 제시한다. 1) 문제가 무엇인가, 2) 성경은 무엇이라고 말하는가, 3) 우리를 막아서는 것은 무엇인가, 4) 예수님은 어떻게 성경 주제를 완성하고 이 핵심 문제를 해결하시는가, 5) 예수님을 믿는 믿음을 통해 우리는 이제 어떻게 살아야 하는가.
25 Eugene Lowry, *The Homiletical Plot: The Sermon as Narrative Art Form* (Louisville: Westminster John Knox, 2001), 19.
26 워렌 위어스비,『이미지에 담긴 설교』, 이장우 옮김 (서울: 요단출판사, 1997), 188.
27 칩 히스, 댄 히스,『스틱!』, 77-79.
28 채플,『그리스도 중심의 설교』, 57.

3장 · 설교구조

1 Fred Craddock, *Overhearing the Gospel* (St. Louis: Chalice, 2002), 4.
2 Davis, *Design for Preaching*, 3.
3 글렌 넥트, "설교의 구조와 흐름," 새무얼 로건,『개혁주의 설교자와 설교』, 서창원·이길상 옮김 (고양: 크리스챤 다이제스트, 2010), 312.
4 로이드 존스,『설교와 설교자』, 162.
5 앤디 스탠리,『최고의 설교자를 만드는 설교 코칭』, 김창동 옮김 (서울: 디모데, 2006), 193.
6 베이스본의 로베르토(Robert of Basevorn)가 1322년에 쓴『설교의 형식』에 나오는 내용이다. 일부가 우리말로 번역되어 있다. 리처드 리셔,『설교신학의 8가지 스펙트럼』, 정장복 옮김 (서울: WPA, 2008), 325-331을 보라.
7 Haddon W. Robinson and Torrey Robinson, *It's All in How You Tell It: Preaching First-Person Expository Messages* (Grand Rapids: Baker, 2003), 11.
8 채경락,『쉬운 설교』(서울: 생명의 양식, 2015)를 보라.
9 그레이다누스,『성경 해석과 성경적 설교』, 272.
10 로이드 존스,『설교와 설교자』, 131-132.
11 카터, 듀발, 헤이즈,『성경설교』, 120.
12 Stott, *Between Two Worlds*, 178.

13 Robinson, *Biblical Preaching*, 132.
14 한진환, 『설교, 그 영광의 사역』, 193-194.
15 이동원, 『이동원의 청년설교』 (서울: 다은, 2002), 59-60.
16 같은 책, 60.
17 브라이언 채플, 『그리스도 중심 설교 이렇게 하라』, 안정임 옮김 (서울: CUP, 2015), 85-109.
18 채플, 『그리스도 중심의 설교』, 211.
19 해돈 로빈슨이 본문주제를 찾는 과정을 돕기 위해 제안한 질문-대답 방법(질문 07 참조)에서 나온 중심 질문과 대답이 그대로 설교개요로 이용되고 있다.
20 글렌 넥트, "설교의 구조와 흐름," 325.
21 John Stott, "The Global Context of the Local Church," in *Ten Great Preachers*, ed. Bill Turpie (Grand Rapids: Baker, 2000), 114-125.
22 정근두, 『읽는 설교 야고보서』 (서울: 죠이북스, 2019), 471-478.
23 폴 스콧 윌슨, 『네 페이지 설교』, 주승중 옮김 (서울: WPA, 2006), 143.
24 순직보다 스스로 목숨 끊은 소방공무원 많다. 「오마이뉴스」http://www.ohmynews.com/NWS_Web/View/at_pg.aspx?CNTN_CD=A0002224031
25 이동원, 『당신은 예수님의 VIP』 (서울: 두란노, 2010), 10-19.

4장 · 설교문 작성

1 데이비드 고든, 『우리 목사님은 왜 설교를 못할까』, 최요한 옮김 (서울: 홍성사, 2012), 19. 책의 원제목은 *Why Johnny Can't Preach*다.
2 Wayne McDill, *The 12 Essential Skills for Great Preaching* (Nashville: Broadman & Holman, 2006), 126
3 로이드 존스, 『설교와 설교자』, 438.
4 설교문의 다섯 가지 구성 성분 가운데 전환 요소는 다루지 않았다. 전환 요소는 뒤에서 자세히 설명할 것이다(질문 26 참조).
5 John Broadus, *On the Preparation and Delivery of Sermons* (New York: Harper & Brothers, 1926), 181.
6 파이퍼, 『강해의 희열』, 235.
7 채플, 『그리스도 중심의 설교』, 172.
8 칩 히스, 댄 히스, 『스틱!』, 37-39.
9 모티머 애들러, 『듣는 법, 말하는 법』, 박다솜 옮김 (파주: 유유, 2020), 79.
10 Jeffrey Arthurs, "The Place of Pathos in Preaching" in *Journal of the Evangelical Homiletic Society* (Dec. 2001), 17.

11 찰스 스펄전,『스펄전의 설교학교』, 김지혁 옮김 (서울: 새물결플러스, 2013), 96.
12 채플,『그리스도 중심의 설교』, 266.
13 정재영,『교회 안 나가는 그리스도인』(서울: IVP, 2015), 61-122.
14 켈러,『설교』, 148.
15 그레이다누스,『성경 해석과 성경적 설교』, 319.
16 스펄전,『스펄전의 설교학교』, 179.
17 Haddon W. Robinson, "Blending Bible Content and Life Application," in *Making a Difference in Preaching*, ed. Scott Gibson (Grand Rapids: Baker, 1999), 94.
18 C. S. 루이스,『스크루테이프의 편지』, 김선형 옮김 (서울: 홍성사, 2021), 81.
19 채플,『그리스도 중심의 설교』, 311-312.
20 같은 책, 315.
21 Richard Cox, *Rewiring Your Preaching: How the Brain Processes Sermons* (Downers Grove: IVP, 2012), 23.
22 롱,『증언 설교』, 364.
23 귀납적 설교에 대한 본격적 논의는 프레드 크래독,『권위 없는 자처럼』, 김운용 옮김 (서울: WPA, 2003)을 보라. 귀납적 설교에 대한 신학적이고 해석학적인 비평에 대해서는 찰스 캠벨,『프리칭 예수』, 이승진 옮김 (서울: CLC, 2001), 191-261을 보라.
24 그러나 이 설교를 귀납적 설교라고 할 수는 없다. 설교요점이 설교 중간중간에 나타나기 때문이다. 일반적으로 설교 전체가 귀납적 논리를 가질 때 귀납적 설교라 부른다. 그러므로 귀납적 설교의 설교요점은 설교 마지막에 단 한 번 나와야 한다. 단 하나의 설교요점이니만큼 그 요점이 곧 설교주제가 된다.
25 채플,『그리스도 중심의 설교』, 121-122.
26 다니엘 도리아니,『적용, 성경과 삶의 통합을 말하다』, 정옥배 옮김 (서울: 성서유니온, 2009), 35-45.
27 최인철,『프레임』(파주: 21세기북스, 2016), 102-104.
28 롱,『증언 설교』, 320.
29 청중의 설교 듣기를 돕는 책도 있다. 예를 들어, 손재익,『설교, 어떻게 들을 것인가?』(서울: 좋은씨앗, 2018); 한재술,『설교, 어떻게 들어야 할까』(안성: 그 책의 사람들, 2020).
30 예를 들어, 대표적인 청교도 설교자 윌리엄 퍼킨스(William Perkins)는 설교를 성경해석, 분석, 적용 순으로 진행했다. 윌리엄 퍼킨스,『설교의 기술과 목사의 소명』, 채천석 옮김 (서울: 부흥과개혁사, 2006), 58.
31 Robinson, *Biblical Preaching*, 171
32 이 경구는 아리스토텔레스가 아니라 이름이 알려지지 않은 한 설교자로부터 유래했다고 보는 편이 더 바람직하다. https://quoteinvestigator.com/2017/08/15/tell-em/을

참고하라.
33 Stott, *Between Two Worlds*, 246.
34 J. C. 라일, 『단순하게 설교하라』, 장호준 옮김 (서울: 복 있는 사람, 2012), 28.

설교문 예시

1 이안 머레이, 『성경적 부흥관 바로 세우기』, 서창원 옮김 (서울: 부흥과개혁사, 2001), 44.
2 일반적인 뒷받침 요소의 순서와 달리 [설명부] 다음에 [요점]을 배치해서 귀납적인 논리를 느낄 수 있도록 했다(질문 24 참조).
3 마이클 리브스, 팀 채스터, 『종교개혁 핵심질문』, 오현미 옮김 (서울: 복 있는 사람, 2017), 52.
4 이 설교요점은 다음 설교요점과 그다음 설교요점의 전제로 기능하므로 구체적인 적용을 하지 않았다. 모든 설교요점마다 [적용부]가 꼭 있어야 하는 것은 아니다(질문 24 참조).
5 이덕주, 『한국교회 처음 이야기』 (서울: 홍성사, 2006), 195.
6 첫째 요점에서처럼 [설명부] 다음에 [요점]을 배치했다.
7 [증명부]와 [적용부]는 제외할 수 있다(질문 24 참조).

5장 · 그 밖의 질문

1 Scott Gibson, "Introduction: A Tribute to Haddon Robinson," in *The Worlds of the Preacher: Navigating Biblical, Cultural, and Personal Contexts*, ed. Scott Gibson (Grand Rapids: Baker Academic, 2018), xviii.
2 스펄전, 『스펄전의 설교학교』, 413.
3 로이드 존스, 『설교와 설교자』, 465. 로이드 존스는 같은 설교를 같은 회중에게 반복하는 것에 대해서는 반대한다. 그러나 과연 '같은 회중'이 존재할까? 한 교회 안에서도 전도나 이사 등으로 회중 구성원은 쉽게 바뀐다. 또한 상황에 따라 회중의 마음 상태도 변한다.
4 Robinson, *Biblical Preaching*, 73.
5 Fred Craddock, *Preaching* (Nashville: Abingdon, 1985), 98.
6 정근두, 『마틴 로이드 존스에게 배우는 설교』 (서울: 복 있는 사람, 2016), 11-12.

나가는 말

1 Phillips Brooks, *Lectures on Preaching* (New York: E. P. Dutton, 1877), 189.
2 Herbert Brokering, ed., *Luther's Prayers* (Minneapolis: Augsburg, 1994), 97-98.